Utilize este código QR para se cadastrar de forma mais rápida:

Ou, se preferir, entre em:

www.santillanaespanol.com.br/ac/livroportal

e siga as instruções para ter acesso aos conteúdos exclusivos do

Portal e Livro Digital

CÓDIGO DE ACESSO:

A 00287 VENTANITA 1 48704

Faça apenas um cadastro. Ele será válido para:

De los árboles a los libros, sostenibilidad en todo el camino

Da semente ao livro, sustentabilidade por todo o caminho

Plantar bosques

La madera usada como materia prima para nuestro papel viene de plantaciones renovables, o sea, no es fruto de deforestación. Este tipo de plantación genera millares de empleos para los agricultores y ayuda a recuperar las áreas ambientales degradadas.

Fabricar papel e imprimir libros

Toda la cadena de producción de papel, desde la fabricación de la celulosa hasta la encuadernación del libro, tiene los correspondientes certificados y cumple los patrones internacionales de procesamiento sostenible y las buenas prácticas ambientales.

Crear contenido

Los profesionales involucrados en la elaboración de nuestras soluciones educativas tienen como objetivo una educación para la vida basada en la curaduría editorial, la diversidad de visiones y la responsabilidad socioambiental.

Construir proyectos de vida

Ofrecer una solución educativa Santillana Español es un acto de compromiso con el futuro de las nuevas generaciones y posibilita una alianza entre las escuelas y las familias en la misión de educar.

Plantar florestas

A madeira que serve de matéria--prima para nosso papel vem de plantio renovável, ou seja, não é fruto de desmatamento. Essa prática gera milhares de empregos para agricultores e ajuda a recuperar áreas ambientais degradadas.

Fabricar papel e imprimir livros

Toda a cadeia produtiva do papel, desde a produção de celulose até a encadernação do livro, é certificada, cumprindo padrões internacionais de processamento sustentável e boas práticas ambientais.

Criar conteúdo

Os profissionais envolvidos na elaboração de nossas soluções educacionais buscam uma educação para a vida pautada por curadoria editorial, diversidade de olhares e responsabilidade socioambiental.

Construir projetos de vida

Oferecer uma solução educacional Santillana Español é um ato de comprometimento com o futuro das novas gerações, possibilitando uma relação de parceria entre escolas e famílias na missão de educar.

Apoio:

Para saber más, escanea el código QR.
Accede a *http://mod.lk/sostenab*

Fotografe o código QR e conheça melhor esse caminho.
Saiba mais em *http://mod.lk/sostenab*

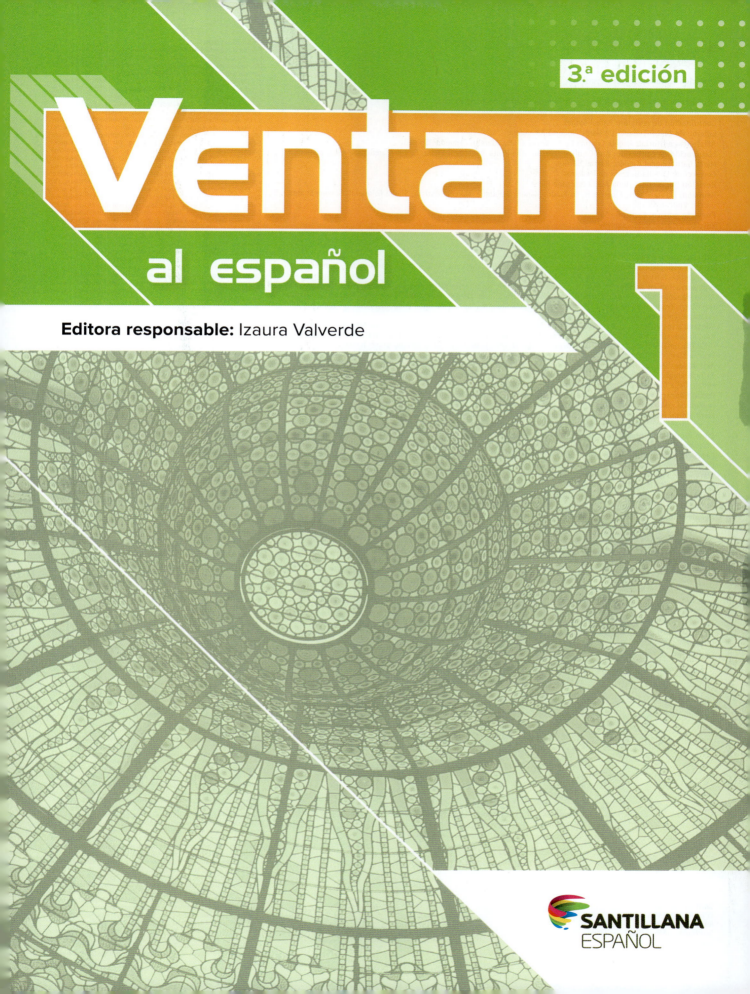

SANTILLANA
ESPAÑOL

Dirección editorial: Sandra Possas
Edición ejecutiva de español: Izaura Valverde
Edición ejecutiva de producción y multimedia: Adriana Pedro de Almeida
Coordinación de arte y producción: Raquel Buim
Coordinación de revisión: Rafael Spigel
Edición de texto: Ludmila De Nardi, Roberta Amendola
Asistencia editorial: Angela Cristina Costa Neves, Cíntia Afarelli, Jaqueline Spinelli
Elaboración de contenido: Ana Carolina Salatini, Ana Paula Mantovani Vieira, Cíntia Afarelli, Jaqueline Spinelli, Myrta Garcia Pradel Biondo, Raquel Barrios
Corrección: Camilla Bazzoni de Medeiros
Revisión lingüística: María Alicia Manzone Rossi
Revisión: Elaine Viacek, Emarize H. do Prado, Manuel Quilarque, Marcela Batista, Sheila Folgueral, Simone Soares Garcia, Vinicius Oliveira
Proyecto gráfico: Karina de Sá
Edición de arte: Rafael Gentile
Maquetación: Estúdio Anexo
Cubierta: Rafael Gentile
Ilustraciones: Bi Aguiart, Bruno Ferreira, Leandro Lassmar, Leo Teixeira, Yaci Harumi
Diseños especiales: Anderson Sunakozawa, Camila Ranelli, Diego Lima, Karina de Sá, Karina Vizeu, Manuel Miramontes, Marina Prado, Priscila Wu, Rafael Gentile, Selavi
Pronunciación en acción: Barbara Jarandilla (guion); Priscila Oliveira Vieira, Patrícia Aragão (edición); María Alicia Manzone Rossi (revisión lingüística); Gislaine Caprioli, Emarize H. do Prado, Letícia Della Giacoma de França (revisión); Frodo Almeida (*design*); Paloma Klein, Sara Alencar (captura de fotos y videos); Rabisco Produções Artísticas (producción y edición)
Ventana a los videos: Camila Gervaz, Patrícia Aragão (guion); Priscila Oliveira Vieira, Barbara Jarandilla, Patrícia Aragão (edición); María Alicia Manzone Rossi (revisión lingüística); Gislaine Caprioli, Emarize H. do Prado, Letícia Della Giacoma de França (revisión); Daniel Favalli (producción); URBI Criação & Design, Bruno Tersario (*design*); Paloma Klein, Sara Alencar (captura de fotos)
Actividades interactivas: Mary Negreiros (elaboración de contenido); Priscila Oliveira Vieira, Barbara Jarandilla, Patrícia Aragão (edición); María Alicia Manzone Rossi (revisión lingüística); Gislaine Caprioli, Emarize H. do Prado, Letícia Della Giacoma de França (revisión); Daniel Favalli (*design*)
Portal Educacional Santillana: Priscila Oliveira Vieira (edición de contenido); Maria Eduarda Pereira Scetta (curaduría de contenido)
Livro digital interactivo: Priscila Oliveira Vieira, Patrícia Aragão (edición); Gislaine Caprioli, Letícia Della Giacoma de França (revisión); Daniel Favalli (producción); URBI Criação & Design, Bruno Tersario (*design*)
Livro digital para proyección: Priscila Oliveira Vieira, Patrícia Aragão (edición); Gislaine Caprioli, Letícia Della Giacoma de França (revisión); Frodo Almeida (*design*); Eloah Cristina (programación)
Captura de fotos: Sara Alencar, Paloma Klein, Ellen Silvestre
Coordinación de *bureau*: Rubens M. Rodrigues
Tratamiento de imágenes: Ademir Francisco Baptista, Joel Aparecido, Luiz Carlos Costa, Marina M. Buzzinaro, Vânia Aparecida M. de Oliveira
Preimpresión: Alexandre Petreca, Everton L. de Oliveira, Fabio Roldan, Marcio H. Kamoto, Ricardo Rodrigues, Vitória Sousa
Audio: La Urella
Agradecimientos especiales: Anderson Márcio de Almeida

Todos los sitios web mencionados en esta obra se reprodujeron solo para fines didácticos. Santillana Español no tiene control sobre su contenido, el que se verificó cuidadosamente antes de su utilización.

Todos os *sites* mencionados nesta obra foram reproduzidos apenas para fins didáticos. A Santillana Español não tem controle sobre seu conteúdo, o qual foi cuidadosamente verificado antes de sua utilização.

Aunque se hayan tomado todas las medidas para identificar y contactar a los titulares de los derechos de los materiales reproducidos en esta obra, no siempre ha sido posible. La editorial se dispone a rectificar cualquier error de esta naturaleza siempre y cuando se lo notifiquen.

Embora todas as medidas tenham sido tomadas para identificar e contatar os detentores de direitos autorais sobre os materiais reproduzidos nesta obra, isso nem sempre foi possível. A editora estará pronta a retificar quaisquer erros dessa natureza assim que notificada.

Impresión: Log&Print Gráfica e Logística S.A.
Lote: 768432
Código: 120002083

Dados Internacionais de Catalogação na Publicação (CIP)
(Câmara Brasileira do Livro, SP, Brasil)

Ventana al español / editora responsável : Izaura Valverde ; obra coletiva concebida, desenvolvida e produzida pela Editora Moderna. – 3. ed. – São Paulo : Moderna, 2021.

"Obra em 4 v. para alunos do 6º ao 9º ano".

1. Espanhol (Ensino fundamental). I. Valverde, Izaura.

21-64233 CDD-372.6

Índices para catálogo sistemático:
1. Espanhol : Ensino fundamental 372.6
Aline Graziele Benitez – Bibliotecária – CRB-1/3129

ISBN 978-65-5779-779-2 (LA)
ISBN 978-65-5779-780-8 (LP)

Reprodução proibida. Art. 184 do Código Penal e Lei 9.610 de 19 de fevereiro de 1998.
Todos os direitos reservados.

SANTILLANA ESPAÑOL
EDITORA MODERNA LTDA.
Rua Padre Adelino, 758 — Belenzinho
São Paulo — SP — Brasil — CEP 03303-904
www.santillanaespanol.com.br
2023
Impresso no Brasil

CÓPIA NÃO AUTORIZADA É CRIME
ABDR
ASSOCIAÇÃO BRASILEIRA DE DIREITOS REPROGRÁFICOS
RESPEITE O DIREITO AUTORAL

Crédito de las fotos

Foto de la cubierta y del frontispicio: zimmytws/Istockphoto.

Segunda portada: La asombrosa excursión de Zamba por la Geografía latinoamericana. *Las asombrosas excursiones de Zamba*. [Serie]. Dirección General: Sebastián Mignogna. Producción: Camila Fanego Harte, Cecilia di Tirro. Argentina: El perro en la luna, 2015; p. 5: daboost/Istockphoto; p. 8 y 9: (a) Ivo Antonie de Rooiji/Shutterstock; (b) SeanPavonePhoto/Istockphoto; (c) kavram/Istockphoto; (d) filrom/Istockphoto; (e) holgs/Istockphoto; (f) Indigoai/Istockphoto; p. 11: Thanakorn Suksrirattanawichai/Istockphoto; p. 12: dikobraziy/Istockphoto; p. 13: antoniodiaz/Shutterstock; p. 14: (a) MesquitaFMS/Istockphoto; (b) Vasyl Dolmatov/Istockphoto; (c) Iakov Filimonov/Shutterstock; (d) SDI Productions/Istockphoto; (a) MaFelipe/Istockphoto; (b) hsyncoban/Istockphoto; (c) AaronAmat/Istockphoto; (d) LightFieldStudios/Istockphoto; p. 16: SophonK/Istockphoto; p. 17: (a) PeopleImages/Istockphoto; (b) AaronAmat/Istockphoto; (c) Casarsa/istcokphoto; (d) George Mayer/Shutterstock; p. 18: Betelgejze/Istockphoto; Tera Vector/Istockphoto; Esdelval/Istockphoto; Michael Müller/Istockphoto; apomares/Istockphoto; p. 19: (a) stockfour/Shutterstock; (b) SL_Photography/Istockphoto; (c) VladGans/Istockphoto; p. 20 y 21: JohnnyGreig/Istockphoto; (b) fstop123/Istockphoto; (c) Pattanaphong Khuankaew/Istockphoto; (d) nullplus/Istockphoto; (e) FG Trade/Istockphoto; p. 22: Stas/Istockphoto; p. 23: katflare/Istockphoto; p.24: Macrovector/Istockphoto; p. 25: Petar Chernaev/Istockphoto; Petar Chernaev/Istockphoto; p. 26: (a) Choreograph/Istockphoto; (b) Deagreez/Istockphoto; (c) Prostock-Studio/Istockphoto; (d) Oleksandra Polishchuk/Istockphoto; p. 27: Tzido/Istockphoto; p. 28: Highwaystarz-Photography/Istockphoto; p. 29: (a) AzmanL/Istockphoto; (b) MixMedia/Istockphoto; (c) CentralITAlliance/Istockphoto; (d) FluxFactory/Istockphoto; p. 30: Monkey Business Images/Shutterstock; p. 32 y 33: (a) Ridofranz/Istockphoto; (b) Highwaystarz-Photography/Istockphoto; (c) Istockphotoake1150sb/Istockphoto; (d) Rawpixel.com/Shutterstock; (e) Yes058/Shutterstock; (f) monkeybusinessimages/Istockphoto; p. 34: PeopleImages/Istockphoto; p. 37: Valeriy_G/Istockphoto; p. 41: (a) goir/Istockphoto; (b) Warmworld/Istockphoto; (c) worldofstock/Istockphoto; (d) Floortje/Istockphoto; (e) chas53/Istockphoto; (f) kravcs/Istockphoto; (g) Andy445/Istockphoto; (h) Anna Pogrebkova/Istockphoto; (i) onebluelight/Istockphoto; p. 42: SurfUpVector/Istockphoto; DivVector/Istockphoto; design56/Istockphoto; studiocasper/Istockphoto; Michael Burrell/Istockphoto; Michael Burrell/Istockphoto; kyoshino/Istockphoto; Gannet77/Istockphoto; dejan Jekic/Istockphoti; sweetsake/Istockphoto; p. 44: (a) Martin Holverda/Istockphoto; (b) daboost/Istockphoto; (c) daboost/Istockphoto; (d) visual7/Istockphoto; (e) ronniechua/Istockphoto; p. 45: yuoak/Istockphoto; p. 46: (a) Guasor/Istockphoto; (b) recep-bg/Istockphoto; (c) Ridofranz/Istockphoto; (d) PeopleImages/Istockphoto; p. 49: Altayb/Istockphoto; onebluelight//Istockphoto; Md Abu Jubaer Piash/Istockphoto; anurak phraisan/Istockphoti; DmitriyKazitsyn/Istockphoto; deepblue4you/Istockphoto; chictype/Istockphoto; Floortje/Istockphoto; TokenPhoto/Istockphoto; Valterzenga1980/Istockphoto; worldofstock/Istockphoto; Qvasimodo/Istockphoto; p. 50 y 51: Chico Ferreira/Pulsar Imagens; hadynyah/Istockphoto; LUNAMARINA/Istockphoto; florin1961/Istockphoto; rchphoto/Istockphoto; cristianl/Istockphoto; Koldunov/Istockphoto; metamorworks/Istockphoto; p. 52 y 53: pixdeluxe/Istockphoto; pixdeluxe/Istockphoto; monkeybusinessimages/Istockphoto; Deagreez/Istockphoto; smshoot/Istockphoto; Eva Blanco/Istockphoto; btoldi/Istockphoto; digitalskillet/Istockphoto; p. 55: monkeybusinessimages/Istockphoto; p. 59: monkeybusinessimages/Istockphoto; p. 62: Gaturro, Nik © 2014 Nik / Dist. by Andrews McMeel Syndication; p. 63: ma_rish/Istockphoto; p. 64 y 65: AaronAmat/Istockphoto; Viacheslav Peretiatko/Istockphoto; Krakenimages.com/Shutterstock; SquatchPhotography/Istockphoto; Oleksandr Shchus/Istockphoto; GoodLifeStudio/Istockphoto; Chinnapong/Istockphoto; p. 67: pixomedesign/Istockphoto; p. 68: omegas/Istockphoto; jossdim/Istockphoto; p. 69: pixelfit/Istockphoto; p. 70: seb_ra/Istockphoto; InnerVisionPRO/Istockphoto; GoodLifeStudio/Istockphoto; Kerkez/Istockphoto; p. 71: fizkes/Istockphoto; AlexeyBorodin/Istockphoto; p. 72: EZ-Stock Studio/Shutterstock; p. 74: (a) Biblioteca Nacional, Rio de Janeiro; (b) nycshooter/Istockphoto; (c) Katarina_B/Istockphoto; (d) Vesnaandjic/Istockphoto; (e) FG Trade/Istockphoto; p. 75: MAURO UJETTO/Shutterstock; miakievy/Istockphoto; p. 76 y 77: YAKOBCHUK VIACHESLAV/Shutterstock; Milan_Jovic/Istockphoto; MarsBars/Istockphoto; Jean-philippe WALLET/Istockphoto; p. 78: monkeybusinessimages/Istockphoto; fotostorm/Istockphoto; PeopleImages/Istockphoto; Prostock-Studio/Istockphoto; frantic00/Shutterstock; p. 80: diegograndi/Istockphoto; p. 81: monkeybusinessimages/Istockphoto; p. 82: snorkulencija/Istockphoto; p. 83: weareadventurers/Istockphoto; dvoevnore/Istockphoto; Eva-Katalin/Istockphoto; p. 84: Prostock-Studio/Istockphoto; AJ_Watt/Istockphoto; 2windspa/Istockphoto; KatarzynaBialasiewicz/Istockphoto; p. 87: (a) OlyaSolodenko/Istockphoto; (b) fuchs-photography/Istockphoto; (c) Alamy/Fotoarena; p. 88: Smileus/Istockphoto; jossnatu/Istockphoto; p. 89: (a) OJO Images/Istockphoto; (b) Tom Harper Photography/Shutterstock; p. 92: (a) Patryk Kosmider/Shutterstock; (b) anon-tae/Istockphoto; (c) csundahl/Istockphoto; (d) Deagreez/Istockphoto; p. 94 y 95: FatCamera/Istockphoto; Daisy-Daisy/Istockphoto; damircudic;Istockphoto; SDI Productions/Istockphoto; p. 105: MarkRubens/Istockphoto; filrom/Istockphoto; sara_winter/Istockphoto; saiko3p/Istockphoto; p. 106: (a) ivanastar/Istockphoto; marcophotos/Istockphoto; (b) JohnnyGreig/Istockphoto; (c) sorincolac/Istockphoto; (d) Torresigner/Istockphoto; p. 107: Ariel Skelley/Getty Images; p. 108: zoljo/Istockphoto; Mykyta Dolmatov/Istockphoto; p. 109: DMEPhotography/Istockphoto; p. 111: Mark Parisi; p. 112: monkeybusinessimages/Istockphoto; p. 113: Juan Ci/Shutterstock; p. 114: (a) Prostock-Studio/Istockphoto; (b) MesquitaFMS/Istockphoto; (c) diignat/Istockphoto; (d) Lekyum/Istockphoto; p. 115: AntonioGuillem/Istockphoto; p. 117: Vectorpower/Istockphoto; p. 118: grivina/Istockphoto; p. 120: (a) monkeybusinessimages/Istockphoto; (b) oksun70/Istockphoto; p. 121: Daniel Carmona Ruiz/Istockphoto; Elijah-Lovkoff/Istockphoto; ovidiuhrubaru/Istockphoto; Byelikova_Oksana/Istockphoto; p. 123: GCShutter/Istockphoto; p. 125: Ponomariova_Maria/Istockphoto; RapidEye/Istockphoto; p. 126: (a) monkeybusinessimages/Istockphoto; (b) martin-dm/Istockphoto; p. 128: Seix Barral; p. 129: seb_ra/Istockphoto; p. 130: (a) monkeybusinessimages/Istockphoto; (b) DMEPhotography/Istockphoto; (c) FatCamera/Istockphoto; (a) WestLight/Istockphoto; (b) ClaudioVentrella/Istockphoto; (c) ChuckSchugPhotography/Istokphoto; (e) mihalec/Istockphoto; (f) ingwio/Istockphoto; (g) inbj/Istockphoto; (h) Coprid/Istockphoto; p. 134: yokunen/Istockphoto; p. 135: monkeybusinessimages/Istockphoto; p. 138: fstop123/Istockphoto; p. 141: Per Grunditz/Shutterstock; mikimad/Istockphoto; p. 143: parema/Istockphoto; Morsa Images/Istockphoto; p. 144: (a) MStudioImages/Istockphoto; (b) Imgorthand/Istockphoto; p. 145: (a) AleksandarNakic/Istockphoto; (b) PeopleImages/Istockphoto; (c) AaronAmat/Istockphoto; (d) Artem Peretiatko/Istockphoto; p. 146: Master1305/Shutterstock; p. 147: Prostock-Studio/Istockphoto; p. 148: (a) JazzIRT/Istockphoto; (b) elenaleonova/Istockphoto; (c) gerenme/Istockphoto; (d) ben-bryant/Istockphoto; p. 149: (a) wuttichaijangrab/Istockphoto; (b) urfinguss/Istockphoto; (c) onurdongel/Istockphoto; p. 150: Simon Dannhauer/Istockphoto; Ponomariova_Maria/Istockphoto; p. 151: Estrella Herrera.

CONOCE TU LIBRO

¡Bienvenido(a)!
¡Abre esta **Ventana al español** y conoce tu libro!

UNIDADES TEMÁTICAS

Serás capaz de...
Cada unidad empieza con los objetivos comunicativos de aprendizaje a ser desarrollados.

¿Qué sabes?
Presenta preguntas sobre las imágenes de apertura y/o cuestiones de prelectura sobre el texto que se encuentra al comienzo de la unidad. Tiene el objetivo de activar los conocimientos previos sobre el tema.

¡A empezar!
Esta sección tiene por finalidad desarrollar la comprensión auditiva y lectora.

Cajón de letras (y sonidos)
Es el espacio de presentación y práctica del vocabulario relacionado con el eje temático de la unidad. Algunas actividades se acceden con un código QR que lleva a una galería de imágenes. En los volúmenes 1 y 2, la sección presenta, además, el estudio de los contenidos fonéticos y, por ello, se llama **Cajón de letras y sonidos**.

¡Acércate!
Esta sección introduce las estructuras gramaticales que contribuyen a una comunicación eficiente.

Lengua en uso
En esta sección, cuyo enfoque es la oralidad, se presentan estructuras comunicativas relacionadas con el tema de la unidad.

Contextos
Esta sección presenta textos de diferentes géneros con actividades de prelectura, lectura y poslectura.

tres 3

Por el mundo
Presenta aspectos sociales y culturales relacionados con el universo hispanohablante y con conocimientos de mundo en general.

¡Ahora tú!
Esta sección está dirigida a la producción textual de un género relacionado con el de la sección **Contextos** y contempla el plan del texto, su producción y la divulgación en la **Plataforma Ventana al español**.

REPASOS (UNIDADES 4 Y 8)
Estas unidades presentan actividades de repaso para practicar y consolidar los contenidos vistos en las unidades anteriores.

PROYECTOS INTERDISCIPLINARIOS
Estos apartados están dirigidos al trabajo con base en las metodologías activas y los Temas Contemporáneos Transversales.

APÉNDICES

Glosario español-portugués/portugués-español
Presenta las principales palabras del volumen para ayudar en las tareas de comprensión y producción.

Más contextos
Presenta un texto relacionado con el de la sección **Contextos** para ampliar el análisis de la intertextualidad entre diferentes géneros.

Cuaderno de actividades
Presenta propuestas para repasar y fijar el contenido de las secciones de cada unidad, además de ofrecer estrategias de estudio y de aprendizaje.

ÍCONOS Y RECUADROS

🎧 1 Este ícono indica que la actividad es de escucha y/o que su contenido está grabado. Además, el número especifica la pista correspondiente.

🌐 Este ícono indica que la actividad es de investigación en internet y/o de publicación en la **Plataforma Ventana al español**.

Ojo
Este recuadro complementa aspectos lingüísticos o culturales relacionados con los contenidos de la sección a que corresponde.

Aprender mejor
Este recuadro del **Cuaderno de actividades** presenta *tips* y orientaciones para contribuir al estudio y al aprendizaje.

COMPONENTES DIGITALES

Códigos QR
Los códigos QR (del inglés *Quick Response*, respuesta rápida) presentan las imágenes animadas de las aperturas de las unidades y las galerías de imágenes de la sección **Cajón de letras (y sonidos)**. Para acceder a estos contenidos, es necesario tener un lector de códigos QR instalado en un dispositivo móvil con cámara (teléfono inteligente o tableta). Escanea el código QR para aprender más.

http://mod.lk/3va_qr

Plataforma Ventana al español
La colección tiene su propia plataforma social para que todos los que estudien con *Ventana al español* compartan las actividades y los proyectos propuestos en el material.

Hay sugerencias de etiquetas en algunas actividades a fin de que, al realizar una búsqueda en la plataforma, se puedan encontrar las publicaciones de otros alumnos sobre la misma actividad. Puedes acceder a la plataforma digitando <www.ventanaalespanol.com.br> en tu navegador cada vez que encuentres, en las unidades, una sugerencia de publicación en la plataforma.

Para empezar, escanea el código QR y accede a un video tutorial que enseña cómo se usa la **Plataforma Ventana al español**.

Si no tienes un dispositivo móvil para escanear el código QR, podrás encontrar el video en la página principal de la **Plataforma Ventana al español**, disponible en <www.ventanaalespanol.com.br>.

http://mod.lk/3va_pva

Recursos digitales en el Portal Educacional Santillana
En el Portal Educacional Santillana están disponibles los audios y los contenidos de los códigos QR del libro impreso. Además, hay objetos digitales como juegos, videos, actividades interactivas, animaciones sobre géneros textuales y otros recursos complementarios que contribuyen al aprendizaje.

Accede a <www.santillanaespanol.com.br> y conoce todos los recursos digitales de la colección.

MATERIALES COMPLEMENTARIOS

Acompaña cada volumen de la colección un material que se relaciona con el tema del proyecto de vida y de las competencias socioemocionales y un libro de apoyo a la lectura.

cinco 5

TABLA DE CONTENIDOS

Apartados de la obra	¿Qué sabes? / ¡A empezar!	Cajón de letras y sonidos	¡Acércate!
Ejes organizadores de la BNCC	Oralidad	Conocimientos lingüísticos	Conocimientos lingüísticos

UNIDAD 1 – Español: una lengua de muchos – p. 8

Contenidos	El español y los países hispanohablantes, 9, 10 y 11	El abecedario español / Las nacionalidades, 12	Pronombres personales, 13 y 14

UNIDAD 2 – Así se saluda – p. 20

Contenidos	Formas de saludar en diferentes culturas, 21, 22 y 23	Los números cardinales del 1 al 30 y los meses del año / Interrogaciones y exclamaciones, 24	Presente de Indicativo: verbos irregulares "ser", "estar", "hacer" y "tener", 25 y 26

UNIDAD 3 – ¡Aquí se aprende! – p. 32

Contenidos	La escuela y sus partes y actividades, 33, 34 y 35	La escuela: instalaciones y profesionales / Las asignaturas y los días de la semana / Los objetos del aula / La "h", 36	Presente de Indicativo: verbos irregulares con "g" en la 1.ª persona del singular, 37 y 38

UNIDAD 4 – Repaso – p. 44

PROYECTO INTERDISCIPLINARIO 1 – p. 50

UNIDAD 5 – Las familias del siglo XXI – p. 52

Contenidos	Miembros de la familia y relaciones familiares, 53, 54 y 55	Las familias / Situaciones de pareja / La "t", 56	Presente de Indicativo: verbos irregulares con "z" en la 1.ª persona del singular / Presente de Indicativo: verbos irregulares "ir" y "dar" y verbos irregulares que cambian "e" por "i", 57 y 58

UNIDAD 6 – El cuerpo habla – p. 64

Contenidos	El lenguaje corporal, 65, 66 y 67	El cuerpo humano / La "j", 68	Presente de Indicativo: verbos irregulares que cambian "o" por "ue" y "e" por "ie", 69 y 70

UNIDAD 7 – Mi casa, mi mundo – p. 76

Contenidos	Partes de la casa y actividades que se hacen en ellas, 77, 78 y 79	Tipos de vivienda / Partes de la casa / Muebles y objetos de la casa / Útiles de la casa y electrodomésticos / La "b" y la "v", 80	Presente de Indicativo: verbos "haber", "estar" y "tener", 81 y 82

UNIDAD 8 – Repaso – p. 88

PROYECTO INTERDISCIPLINARIO 2 – p. 94

Apéndices   Glosario – p. 97   Más contextos – p. 105   Cuaderno de actividades – p. 117

6 seis

Lengua en uso	¡Acércate!	Contextos	¡Ahora tú!	Por el mundo
Oralidad	Conocimientos lingüísticos	Lectura	Escritura	Dimensión intercultural
Preguntar y contestar sobre una palabra / Hacer una pregunta / Pedir permiso / Pedir algo a un compañero / Contestar de manera afirmativa o negativa / Agradecer / Contestar un agradecimiento, 15	Presente de Indicativo: verbos regulares, 16 y 17	Cartel de turismo, 18 y 19	Cartel de turismo, 19	Español por el mundo, 11
Saludar / Presentarse o presentar a alguien / Despedirse / Preguntar y decir la edad / Preguntar de dónde proviene una persona, 27	Presente de Indicativo: verbo pronominal "llamarse" / Interrogativos / Demostrativos, 28 y 29	Reportaje, 30 y 31	Reportaje, 31	Hipocorísticos y apodos por el mundo, 31
Usar el tratamiento informal / Usar el tratamiento formal, 39	Artículos definidos e indefinidos / Contracciones, 40 y 41	Artículo de diccionario, 42 y 43	Artículo de diccionario, 43	Enseñanza remota por el mundo, 43
Preguntar e informar los grados de parentesco / Preguntar e informar las situaciones de pareja, 59	Género de los sustantivos / Número de los sustantivos / Posesivos átonos y tónicos, 60 y 61	Cómic, 62 y 63	Cómic, 63	Tecnología y relaciones familiares por el mundo, 63
Preguntar sobre el aspecto físico y la personalidad de alguien / Describir el aspecto físico de alguien / Describir la personalidad de alguien, 71	Conjunciones "y"/"e" y "o"/"u" / Género de los adjetivos / Número de los adjetivos, 72 y 73	Leyenda de foto, 74 y 75	Leyenda de foto, 75	Greta Thunberg y su activismo por el mundo, 75
Describir las características de una vivienda / Describir las partes de una casa y su mobiliario, 83	Usos de los verbos "ser" y "estar" / Adverbios de lugar, 84 y 85	Chat, 86 y 87	Chat, 87	Viviendas por el mundo, 87

siete 7

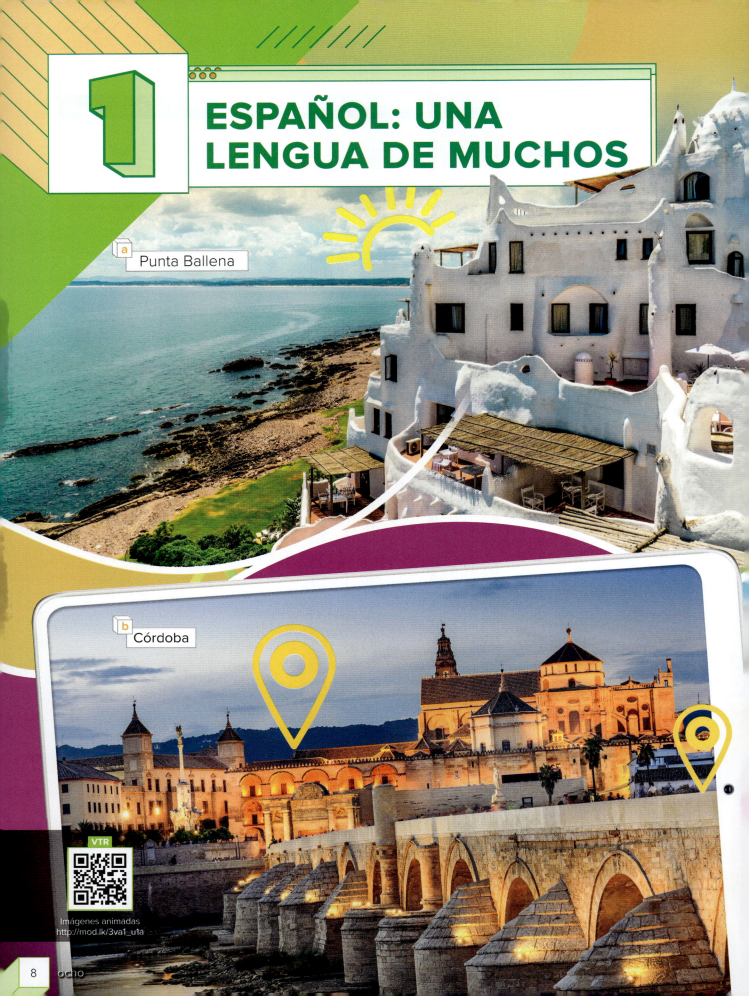

c Patagonia

d Ruta de las Joyas Altoandinas

e Bogotá

f Pachuca de Soto

Serás capaz de...

▷ identificar y pronunciar las letras del abecedario español;
▷ (re)conocer los países hispanohablantes y sus nacionalidades;
▷ decir algunas frases útiles en una clase de español.

¿QUÉ SABES?

▷ ¿Qué palabras conoces en español?
▷ ¿Cuáles son los países que hablan español como lengua oficial?
▷ ¿Cuáles de ellos te gustaría conocer?

¡A EMPEZAR!

1 Relaciona las imágenes con los países hispanohablantes.

☐ Bolivia.   ☐ España.
☐ Argentina.   ☐ Uruguay.
☐ México.   ☐ Colombia.

2 En las imágenes hay algunos puntos turísticos de los países identificados en la actividad anterior. Subráyalos.

> campo   ciudad   desierto
> glaciar   obelisco

3 ¿Qué imágenes utilizarías para representar Brasil?

4 Repasa los países hispanohablantes y contesta: ¿qué sabes sobre ellos? Luego escucha algunas informaciones.

nueve 9

5 🔊 Lee el texto y clasifica las informaciones de acuerdo con las categorías.

- **a** Países y continentes.
- **b** Producción agrícola.
- **c** Idiomas cooficiales.
- **d** Celebraciones.
- **e** Inmigración.
- **f** Geografía.

6 curiosidades sobre el idioma español y los países hispanohablantes

Este es el idioma oficial de 21 países: siendo 9 en América del Sur, 6 en América Central, 3 en el Caribe, 1 en América del Norte, 1 en Europa y 1 en África.

El café colombiano es uno de los más apreciados del mundo, y el país está en la lista de los mayores productores mundiales de este grano.

Los venezolanos, colombianos, argentinos y bolivianos son algunos de los que más emigran a Brasil en búsqueda de mejores condiciones de vida.

En Bolivia está la ciudad poblada más alta del mundo —El Alto— y también el salar continuo más extenso del planeta: el salar de Uyuni.

Algunos países, además del español, tienen otros idiomas oficiales, como España (español, catalán, gallego y euskera o vasco), Paraguay (español y guaraní) y Perú (español, quechua y aimara).

Uruguay tiene el carnaval más largo del mundo, con una duración de 41 días.

10 diez

6 Apunta la curiosidad:

a que te pareció más interesante. _____

b que te sorprendió más. _____

c sobre la que te gustaría saber más. _____

7 Mira la imagen y contesta las preguntas.

a ¿Cuáles son, de manera mayoritaria, los países de origen de los inmigrantes en Brasil?
_____
_____
_____

b ¿Por qué estas personas vienen a Brasil?
_____
_____
_____

c ¿Cuáles de los países mencionados no son hispanohablantes?
_____
_____

8 Conversa con tu compañero y apunta las respuestas.

a ¿Cuáles pueden ser las mayores dificultades de un inmigrante para adaptarse al nuevo país?
_____
_____

b ¿Cómo crees que puede ayudar la lengua en este proceso?
_____
_____

c En Brasil, ¿qué podemos hacer para ayudarlos en su proceso de adaptación?
_____
_____

9 En grupos, investiguen otras curiosidades sobre el español y los países hispanohablantes. Elijan dos que les parezcan más interesantes, escríbanlas y compártanlas con la clase.
_____
_____

Además de ser la lengua oficial de muchos países del mundo, el uso y el aprendizaje del español están presentes en diversas otras naciones. Estados Unidos es uno de los ejemplos de la presencia y del avance de este idioma. Se estima que, en 2060, Estados Unidos será el segundo país con más hispanohablantes del mundo, detrás de México. Para descubrir la razón de este crecimiento y conocer más informaciones sobre el asunto, escucha la grabación.

CAJÓN DE LETRAS Y SONIDOS

EL ABECEDARIO ESPAÑOL

a (la a)	h (la hache)	ñ (la eñe)	u (la u)
b (la be)	i (la i)	o (la o)	v (la uve)
c (la ce)	j (la jota)	p (la pe)	w (la uve doble)
d (la de)	k (la ka)	q (la cu)	x (la equis)
e (la e)	l (la ele)	r (la erre)	y (la ye)
f (la efe)	m (la eme)	s (la ese)	z (la zeta)
g (la ge)	n (la ene)	t (la te)	

OJO: Además de estas letras, en español se emplean los dígrafos "ll", "ch" y "rr", que no forman parte del abecedario. Fíjate en que, en portugués, los nombres de las letras son masculinos y, en español, femeninos.

1 Escribe los nombres de los países hispanohablantes que empiezan con estas letras.

a Be: _____
b Hache: _____
c Ge: _____
d Uve: _____
e Erre: _____

2 Deletrea a tu compañero y pídele que apunte el nombre de:

a un país que te gustaría conocer. _____
b la ciudad donde naciste. _____
c un país hispanohablante con paisajes increíbles. _____

))) Las nacionalidades

alemán/alemana   argentino/argentina   boliviano/boliviana   brasileño/brasileña
canadiense   chileno/chilena   chino/china   colombiano/colombiana   costarricense
cubano/cubana   danés/danesa   español/española   ecuatoriano/ecuatoriana
estadounidense   francés/francesa   guatemalteco/guatemalteca   hondureño/hondureña
inglés/inglesa   japonés/japonesa   marroquí   mexicano/mexicana   nicaragüense
panameño/panameña   paraguayo/paraguaya   peruano/peruana
portugués/portuguesa   puertorriqueño/puertorriqueña
uruguayo/uruguaya   venezolano/venezolana

3 Investiga y apunta las nacionalidades de los elementos de la galería de imágenes.

_____

Galería de imágenes
http://mod.lk/3va1_u1v

4 Escucha la pronunciación de las letras del abecedario y de los dígrafos. Luego repítelas y contesta las preguntas oralmente.

a ¿Qué nacionalidades hispanohablantes aparecen en la grabación?
b ¿Cuál(es) nacionalidad(es) de la grabación no corresponden a países hispanohablantes?

5 Escucha nuevamente y compara oralmente con un compañero:

a la pronunciación de las vocales "e" y "o" entre el portugués y el español.
b la pronunciación de las consonantes en las dos lenguas.

12   doce

1 Observa la imagen y lee qué dicen los chicos.

Esta es Laura; **nosotras** somos colombianas.

¿Quiénes son **ustedes**?

Soy Alberto y este es Jorge. **Él** y **yo** somos venezolanos.

》》Pronombres personales

Los pronombres personales se usan para indicar las personas del discurso sin decir sus nombres. Por ejemplo: Elena es brasileña = Ella es brasileña.

Pronombres	Personas	Número
Yo	1.ª persona	singular
Tú/Vos	2.ª persona	
Usted	2.ª persona	
Él/Ella	3.ª persona	
Nosotros(as)	1.ª persona	plural
Vosotros(as)	2.ª persona	
Ustedes	2.ª persona	
Ellos(as)	3.ª persona	

"Tú" es el pronombre de la segunda persona del singular usado en la mayoría de los países hispanohablantes y corresponde al *tu* o al *você* del portugués. Sin embargo, en algunas regiones de determinadas naciones, como Argentina, El Salvador, Guatemala, Costa Rica, Uruguay, Paraguay y otras, se suele usar el "vos".

2 Haz un círculo alrededor del pronombre personal que se relaciona con las frases.

a Mi nombre es Ana. [tú – yo – nosotras]
b Vivimos en La Paz y somos muy amigas. [ellos – ella – nosotras]
c Jorge estudia alemán y español. [vosotros – él – ustedes]
d Carmen es colombiana. [ella – ellas – vosotras]
e Daniel y Miguel son nuevos en la escuela. [tú – vos – ellos]
f A mí y a mi hermano nos encanta la cultura peruana. [nosotros – él – yo]

trece 13

3 Reescribe las frases sustituyendo los pronombres por los nombres a continuación.

> Elena y yo   Isa y Raquel   Javier y Claudio   Jorge y tú   Marta   Rafael

a Nosotras somos españolas.
_____

b Ella vive en Sucre.
_____

c Él es el nuevo profesor de español.
_____

d ¿Ustedes viven juntos?
_____

e Ellas son primas.
_____

f Ellos son guatemaltecos.
_____

4 Completa los diálogos con los pronombres personales correctos.

a _____ me llamo Lola y _____ es mi hermano Lucas.

b Estos son mis padres. _____ son médicos.

c _____ somos Gabriel y Luis. Y _____, ¿quiénes sois?

d ¿Tu madre es abogada?
No, _____ es profesora.

5 Completa estas expresiones con los pronombres personales adecuados. A continuación, relaciónalas con las respectivas imágenes.

a _____ está en la luna.
b _____ está hecho polvo.
c ¿Qué sé _____?
d _____ andamos de capa caída.

LENGUA EN USO

UNIDAD 1

▶ **Preguntar y contestar sobre una palabra**
¿Cómo se dice...? Se dice...
¿Cómo se escribe...? Se escribe...
¿Cómo se deletrea...? Se deletrea...
¿Cómo se pronuncia...? Se pronuncia...

▶ **Hacer una pregunta**
¿Puedes explicarme este tema una vez más, por favor?
¿Puedes pronunciar nuevamente esta palabra, por favor?
¿Puedes hablar más despacio, por favor?
¿Puedes hablar más alto/fuerte, por favor?

▶ **Pedir permiso**
¿Puedo ir al baño?
¿Puedo pasar/entrar?

▶ **Pedir algo a un compañero**
¿Puedes prestarme la/el..., por favor?
¿Puedes ayudarme a hacer esta actividad, por favor?

▶ **Contestar de manera afirmativa o negativa**
Sí, claro. / Sí, por supuesto.
No, lo siento.

▶ **Agradecer**
¡Gracias!
¡Muchas gracias!

▶ **Contestar un agradecimiento**
De nada.
No hay de qué.

1 🎧 Escucha los diálogos, ordena las frases y complétalas.

☐ Por supuesto. Aquí está.
☐ ¿_____ la pelota, por favor?
☐ ¡Gracias!
☐ ¡_____!

☐ Sí, claro. Pasa.
☐ Profesor, ¿_____?
☐ ¡Gracias!

2 Conversa con un compañero. Luego intercambien los papeles.

a Pregúntale cómo se dice y cómo se escribe *brasileiro* en español.

b Perdiste tu goma y necesitas pedir una prestada para borrar una palabra. Pídesela a un compañero. Él te la presta, tú le agradeces y él te responde el agradecimiento.

3 Contesta oralmente con las frases que utilizarías para:

a pedir ayuda a un compañero con relación a una tarea.
b pedir al profesor que vuelva a pronunciar una palabra.
c solicitar a un compañero que disminuya la velocidad con que habla.
d hacer un pedido al profesor sobre su tono de voz.

quince 15

1 Lee la conversación y fíjate en los verbos destacados.

))) Presente de Indicativo

Verbos regulares

Pronombres	Hablar	Aprender	Vivir
Yo	hablo	aprendo	vivo
Tú/Vos	hablas/ hablás	aprendes/ aprendés	vives/ vivís
Él/Ella/Usted	habla	aprende	vive
Nosotros(as)	hablamos	aprendemos	vivimos
Vosotros(as)	habláis	aprendéis	vivís
Ellos(as)/Ustedes	hablan	aprenden	viven

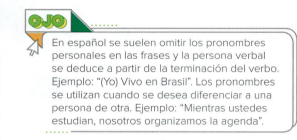

En español se suelen omitir los pronombres personales en las frases y la persona verbal se deduce a partir de la terminación del verbo. Ejemplo: "(Yo) Vivo en Brasil". Los pronombres se utilizan cuando se desea diferenciar a una persona de otra. Ejemplo: "Mientras ustedes estudian, nosotros organizamos la agenda".

2 Completa las frases con el verbo "vivir" en Presente de Indicativo e indica las nacionalidades referentes a los países mencionados.

a Soy de Brasil, pero _____ en Costa Rica: _____.

b Somos de Uruguay, pero _____ en Paraguay: _____.

c Es de Canadá, pero _____ en Portugal: _____.

d Son de Panamá, pero _____ en Marruecos: _____.

3 Lee las frases y subraya la opción correcta.

a Marta y Carmen **estudias** / **estudian** juntas.

b Mi hermano **necesita** / **necesitáis** un diccionario de alemán.

c Pilar **viaja** / **viajo** todos los años a otro país.

d Pedro y yo **buscas** / **buscamos** un nuevo profesor de mandarín.

e ¿Vosotras **escribes** / **escribís** en inglés con facilidad o dificultad?

f Esta es la chicha morada, una especie de jugo que **bebo** / **bebemos** siempre que voy a Perú.

4 Relaciona las frases con las personas correctas.

a ¿Vivís con los colombianos?
b Bailan desde niños, pero esta será la primera presentación en la compañía estadounidense.
c Como en este restaurante italiano siempre que quiero celebrar alguna fecha.
d ¿Escuchas muchas canciones españolas?
e Laura es mi hermana y trabaja con dos argentinos.
f Todos los meses recibimos noticias de nuestra tía chilena.

☐ Nosotros(as).
☐ Vosotros(as).
☐ Ellos.
☐ Tú.
☐ Yo.
☐ Ella.

5 Completa los memes con los verbos conjugados correctamente.

a Comprender (yo).
Cuando no _____ algo en la clase.

b Terminar (ella).
Cuando, finalmente, _____ las tareas de la semana.

c Vivir; salir (nosotros).
Cuando _____ lejos de la escuela y _____ tarde de casa.

d Cantar (tú).
Cuando la canción tiene varias voces y tú _____ todas.

6 Ordena las palabras para formular preguntas a las respuestas dadas y conjuga los verbos.

a idiomas – qué – hablar [tú]
¿_____? Hablo portugués e italiano.

b qué – querer [ustedes] – lenguas – estudiar
¿_____? Queremos estudiar alemán y francés.

c culturas – qué – desear – conocer – tu profesor
¿_____? Desea conocer las culturas japonesa y china.

7 Ahora contesta oralmente las preguntas que formaste en la actividad anterior usando los verbos en Presente de Indicativo y las nacionalidades.

CONTEXTOS

> **Género textual: cartel de turismo**
> Además de dar informaciones sobre el lugar, el cartel de turismo suele traer fotos que lo describen y que invitan y animan a las personas a conocerlo. El texto debe ser objetivo, claro y convincente.

Prelectura

1 Señala la finalidad de un cartel de turismo.

a ☐ Exponer datos sobre algún tema en un lenguaje periodístico.
b ☐ Incentivar la visita a un determinado lugar con informaciones y fotos.
c ☐ Provocar risas a partir de una historia breve y graciosa.
d ☐ Ofrecer y/o anunciar bienes y servicios.

2 Observa rápidamente el cartel de la actividad siguiente y contesta: además de las fotos, ¿qué otros elementos visuales hay? ¿Qué mensaje crees que transmiten al lector?

_____
_____

Lectura

3 Lee este cartel, conversa con un compañero y contesta las preguntas oralmente.

a ¿De qué trata el cartel?
b ¿Cómo está organizado?
c ¿Por qué son importantes las imágenes?

AGENCIA Viajes y Paisajes

¿Te imaginas viviendo diferentes culturas, conociendo otras historias y descubriendo sitios encantadores? Te ayudamos a concretar tu sueño visitando países inolvidables, mientras te adentras en sus culturas. Organizamos paquetes de viaje para:

Volcán Arenal

Costa Rica: ¿eres extranjero y quieres aprender español en nuestro país? Con este paquete tienes la oportunidad de estudiar el idioma y conocer las costumbres costarricenses. Organizamos viajes con cursos de español para niños, jóvenes y adultos de cualquier edad.

Monumento Mitad del Mundo

Ecuador: ¿es posible estar en dos lugares al mismo tiempo? En este destino podrás estar con un pie en el Hemisferio Norte y otro en el Hemisferio Sur en el monumento conocido como la "Mitad del Mundo", además de aprender mucho más sobre Ecuador, un país encantador.

> Todos estos viajes pueden ser adaptados a personas con movilidad reducida.

Parque Nacional Morrocoy

Venezuela: ¿quieres disfrutar tus vacaciones en un lugar paradisíaco? Seguramente en este viaje te relajarás y conocerás algunos de los paisajes más bellos del mundo.

¿Deseas saber más sobre estos paquetes? Envíanos un mensaje o visítanos en nuestro local. WhatsApp: +506 8945-10190 📍 Agencia Viajes y Paisajes, Calle Panilla, n.º 14000, San José (Costa Rica).

18 dieciocho

))) Poslectura

4 Contesta oralmente las siguientes preguntas sobre el texto.

   a ¿Cuál es el tema del cartel?
   b ¿Qué palabras cognadas te ayudaron a comprender el texto?

> **OJO**
> Las palabras cognadas son aquellas que se escriben de manera igual o semejante y tienen el mismo significado en dos idiomas.

5 Busca en el texto y apunta.

   a País de la sede de la agencia: _____
   b Nombres de los puntos turísticos: _____
   c Nacionalidades correspondientes a los países mencionados en el cartel: _____
   d Verbos en Presente de Indicativo: _____

6 Relaciona los países con sus actividades e imágenes.

   a Costa Rica.
   b Ecuador.
   c Venezuela.

   ☐ Pisar dos hemisferios del mundo.
   ☐ Aprendizaje de idioma.
   ☐ Ocio y descanso.

7 Conversa con un compañero y contesta oralmente: el cartel de turismo ¿cumplió su finalidad y te motivó a conocer los destinos descritos? ¿Por qué? ¿Qué partes del texto y/o fotos te parecieron más convincentes?

8 Ordena los países según tu interés en conocerlos.

   a Tengo muchas ganas de conocerlo.
   b Me parece un buen destino, pero prefiero otro.
   c Pienso que este no es mi destino preferido.

   ☐ Costa Rica.
   ☐ Ecuador.
   ☐ Venezuela.

))) Plan del texto 🌐

☐ Vas a crear un cartel de turismo sobre países hispanohablantes.
☐ Elige dos países e investiga en internet sus principales puntos turísticos e informaciones de interés y haz una lista de al menos tres aspectos sobre los que vas a tratar.
☐ No te olvides de incluir servicios accesibles a quienes tienen algún tipo de discapacidad.
☐ Busca imágenes que puedas usar en tu cartel para representar las informaciones que vas a tratar.

))) Producción y divulgación 🌐

☐ Organiza las ideas, piensa en un título para tu cartel de turismo, añade las fotos y estructura el texto con base en las características del género.
☐ Publica tu producción en alguna página y compártela en la Plataforma Ventana (<www.ventanaalespanol.com.br>) con la etiqueta "cartel de turismo".

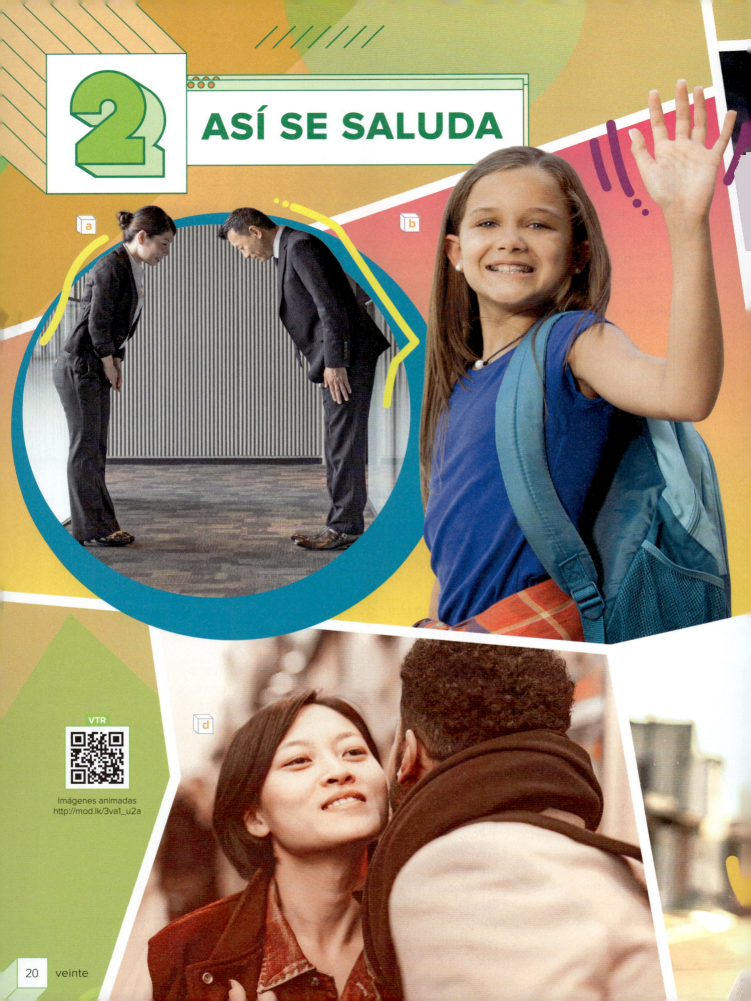

Serás capaz de...

▷ saludar, despedirte, presentarte y presentar a otra persona;
▷ preguntar la edad de alguien y decir la tuya;
▷ preguntar de dónde proviene una persona.

¿QUÉ SABES?

▷ ¿Saludas de la misma manera a todas las personas? ¿Qué palabras y gestos utilizas?
▷ ¿Qué sueles decir y preguntar cuando te presentas a alguien? ¿Y cuando te despides?
▷ ¿Conoces alguna forma de saludar en español?

¡A EMPEZAR!

1 Relaciona las formas de saludar con las imágenes.

☐ Abrazo.
☐ Reverencia.
☐ Beso en la mejilla.
☐ Apretón de manos.
☐ Saludo con la mano.

2 Vas a escuchar un reportaje sobre las diferentes formas de saludar en el mundo. Contesta oralmente las preguntas de acuerdo con la grabación.

a ¿Cuál(es) de las formas de saludar de la actividad anterior se menciona(n) en la grabación?
b ¿Qué saludo es común en Río y en San Pablo? ¿Es igual en el mundo árabe?

veintiuno 21

3 Lee el texto y complétalo con los números que faltan. Luego observa las imágenes y escribe el nombre del lugar que corresponda, según lo que leíste.

CÓMO SE SALUDA EN DIFERENTES PARTES DEL MUNDO

A pesar de la globalización, conviene observar las costumbres locales cuando se trata de saludar a alguien.

En Río es común que se den _____ besos en la mejilla, mientras que en San Pablo basta con _____. Los hombres argentinos, si son muy amigos o de la familia, también se besan en la mejilla. Esta costumbre está difundida principalmente entre los adultos. En el mundo árabe son _____ besos al aire, pero solo entre personas del mismo sexo.

En el norte de Europa es suficiente _____ apretón de manos entre desconocidos y _____ beso entre amigos. Francia tiene lugares en los que se dan _____ besos.

En Asia, sin embargo, no es bien visto tocar a los extraños. En Beijing, por ejemplo, solamente asienten con la cabeza y sonríen, y en Tailandia se inclinan hacia adelante con las palmas de las manos juntas.

Basado en: <www.clarin.com/sociedad/guia-viajero-saluda-distintos-lugares_0_ByvbxAwZe.html>. Acceso el: 30 sept. 2020.

4 Busca en el texto las formas verbales apropiadas para completar las siguientes frases. Utiliza dos veces cada una.

a La gente _____ la costumbre de saludarse con besos en la mejilla en Brasil.
b Saludar con besos _____ común también en otras partes del mundo.
c El mundo _____ cada vez más globalizado, pero los saludos aún están bastante relacionados con la cultura local.
d En San Pablo se da un beso en la mejilla, pero en Río _____ dos.
e Aquel señor _____ las manos juntas y _____ inclinándose porque esa _____ su forma de saludar.
f Se saludan con abrazos y besos porque _____ amigos.

5 ¿Qué formas de saludar son comunes en el lugar donde vives?
_____
_____

6 En tu opinión, ¿cuáles de los siguientes factores influyen en la forma de saludar?

a ☐ Edad.
b ☐ Relación entre las personas.
c ☐ Cultura local.
d ☐ Estado de ánimo.
e ☐ Situación.
f ☐ Preferencias personales.

7 Comparte y discute con un compañero tus respuestas a la actividad anterior. Apunten sus conclusiones.
_____
_____

8 De los saludos del texto y de las imágenes de la apertura, ¿cuáles utilizas en diferentes situaciones? ¿Cuáles nunca usas?
_____

9 ¿Qué evento del año 2020 hizo que cambiásemos, al menos por un tiempo, nuestra forma de saludar y de relacionarnos con los demás? ¿Cuáles fueron los cambios y cómo te sentiste al respecto?
_____

10 En grupos, investiguen sobre las diferentes formas de saludar en el mundo y discutan: ¿cómo se relacionan con la cultura de cada país o región? Apunten sus conclusiones.

UNIDAD 2

veintitrés 23

CAJÓN DE LETRAS Y SONIDOS

))) Los números cardinales del 1 al 30 y los meses del año

1 Escribe los números o meses que correspondan, de acuerdo con los números entre corchetes.

  a Mari cumple _____ [16] años en _____ [3] y su fiesta va a tener _____ [30] invitados.

  b En _____ [11] tenemos _____ [3] días festivos: el _____ [2], el _____ [15] y el _____ [20].

  c ¿Cuántos días tiene _____ [2] este año? ¿_____ [28] o _____ [29]?

2 Investiga y escribe en letras las fechas representadas en la galería de imágenes.

_____

Galería de imágenes
http://mod.lk/3va1_u2v

3 07 Escucha la grabación y repite las frases.

> **Interrogaciones y exclamaciones**
>
> Las frases interrogativas se utilizan para hacer preguntas o expresar dudas. En el texto escrito se señalan con los signos ¿? y, en la oralidad, tienen entonación interrogativa.
>
> ¿De dónde es tu familia? ¿Quieres ir al cine conmigo?
>
> Las frases exclamativas expresan emociones como sorpresa, alegría o pena. En el texto escrito se señalan con los signos ¡! y, en la oralidad, tienen entonación exclamativa.
>
> ¡Qué día estupendo! ¡Ay, qué lástima! ¡Lo siento!

4 08 Escucha y pon los signos de interrogación o exclamación.

  a ___Qué temprano llegaste___ ___Todavía no estoy listo___

  b Oiga, ___cuánto cuestan los billetes___

  c ___Es muy difícil la prueba___

  d ___Cuánto tiempo___ ___Cómo estás___

24 veinticuatro

1 Observa la imagen y lee el diálogo.

)))Presente de Indicativo

Verbos irregulares "ser", "estar", "hacer" y "tener"

Pronombres	Ser	Estar	Hacer	Tener
Yo	so**y**	esto**y**	ha**go**	ten**go**
Tú/Vos	eres/sos	estás	haces/hacés	t**ie**nes/tenés
Él/Ella/Usted	es	está	hace	t**ie**ne
Nosotros(as)	somos	estamos	hacemos	tenemos
Vosotros(as)	sois	estáis	hacéis	tenéis
Ellos(as)/Ustedes	son	están	hacen	t**ie**nen

2 Lee la continuación del diálogo. Haz un círculo alrededor de las formas verbales correctas.

Enrique: ¿Ustedes se conocen **es / hace / tienen** mucho tiempo?

Fabi: Sí, Camila y yo **somos / estamos / son** amigas hace años.

Camila: De niñas ya estudiábamos juntas. Fabi **eres / estás / es** chilena y tenía cuatro años cuando vino a vivir aquí. ¿De dónde **sois / eres / soy**, Enrique?

Enrique: Estoy / Soy / Sois peruano, de Lima.

Camila: ¿Y qué **haces / tienes / estás**?

Enrique: Hago / Soy / Tengo ingeniero. ¿Y tú?

Camila: Soy / Hago / Estoy en la universidad. **Hago / Hace / Tengo** un curso en la Facultad de Letras.

Fabi: ¿**Eres / Tienes / Tiene** algún compromiso ahora, Enrique? Puedes venir con nosotras a conocer el campus.

Enrique: Claro, me encantaría. Ahora no **tengo / hago / estoy** nada que hacer.

3 Reescribe las frases en las personas indicadas.

a Soy colombiano y tengo veintidós años. [ella]
_____

b Están en la universidad. Hacen las prácticas del curso de Derecho. [tú]
_____

c ¿De dónde sos? ¿Cuántos años tenés? [vosotros]
_____

d Somos sociables y hacemos amistades fácilmente. [yo]
_____

4 Relaciona las imágenes con las frases y complétalas con la forma verbal correcta.

☐ _____ tan cansada… y todavía me falta terminar el trabajo de Historia.
☐ Sos del grupo 3, ¿verdad? ¿_____ los textos de la última clase para prestarme?
☐ _____ algunos amigos a los que conozco desde la infancia.
☐ Javier y Patricia _____ pasteles exquisitos.

5 Contesta las preguntas.

a ¿Dónde estás en este momento?
_____

b ¿Cuándo haces la tarea?
_____

c ¿Crees que eres sociable o tímido(a)?
_____

LENGUA EN USO

▶ **Saludar**
¡Hola! ¿Qué tal? / ¿Cómo estás? / ¿Cómo te va?
Buenos días, ¿cómo está?
Buenas tardes, ¿cómo le va?
Buenas noches, ¿cómo están/les va?

▶ **Presentarse o presentar a alguien**
Soy/Me llamo Carmen. Y tú, ¿cómo te llamas?
Mi nombre es Ramón Juárez. Y usted, ¿cómo se llama?
Este es mi padre. Se llama Luis.
Te presento a Graciela, mi hermana.
Mucho gusto. / Encantado(a). / Es un gusto conocerte. / Es un gusto conocerlo(a).

▶ **Despedirse**
Adiós. / Chau. / Chao.
Hasta pronto/luego/la vista/mañana/la próxima semana.

▶ **Preguntar y decir la edad**
¿Cuántos años tienes/tenés/tiene? / ¿Cuál es tu/su edad?
Tengo veintiséis años.

▶ **Preguntar de dónde proviene una persona**
¿De dónde eres/sos/es?
Soy español(a). / Soy de España.

1 Vas a escuchar un diálogo entre dos jóvenes en el aula. Haz un círculo alrededor de las palabras o expresiones utilizadas en la grabación.

BUENAS NOCHES ¿DE DÓNDE ES USTED? SOY DE… HOLA Hasta luego
Buenas tardes BUENOS DÍAS MUCHO GUSTO ¿DE DÓNDE ERES?
ADIÓS ME LLAMO… ¿CÓMO ESTÁN? ¿QUÉ TAL? SOY…
¿Cómo te llamas? ¿CÓMO ESTÁ?

2 En grupos, creen un diálogo en el que utilicen las expresiones que acaban de aprender.

¡ACÉRCATE!

1 Observa la imagen y lee el diálogo.

Presente de Indicativo

Verbo pronominal "llamarse"

Pronombres	Llamar**se**
Yo	**me** llamo
Tú/Vos	**te** llamas/**te** llamás
Él/Ella/Usted	**se** llama
Nosotros(as)	**nos** llamamos
Vosotros(as)	**os** llamáis
Ellos(as)/Ustedes	**se** llaman

2 Completa las frases con el verbo "llamarse" conjugado en Presente de Indicativo.

a Gabriel, ¿cómo _____ tus padres?

b Somos gemelos. _____ Ignacio y Murilo.

c ¿Es verdad que sos uruguaya? ¿Cómo _____?

d Nuestro profesor de Historia _____ Guillermo.

3 Pregunta a un compañero su nombre y el nombre de sus familiares. Luego contesta sus preguntas.

Interrogativos

Para preguntar	Interrogativos (todos llevan tilde)
la identidad de alguien	quién/quiénes
en qué momento o en qué tiempo	cuándo
por algo o alguien entre varios	cuál/cuáles
en qué lugar	dónde
a qué lugar	adónde
de qué modo	cómo
la razón o el motivo	por qué
el tipo, la identidad, etc.	qué
la cantidad o en qué cantidad	cuánto/cuántos, cuánta/cuántas; cuánto (invariable)

28 veintiocho

4 Relaciona las columnas.

a ¿_____ llego al centro comercial?
b ¿_____ está la parada de autobús más cercana?
c ¿_____ cumples años?
d ¿_____ veces has viajado al extranjero?
e ¿_____ han sido los últimos en salir?
f ¿_____ carrera quieres seguir?

☐ Cuándo
☐ Qué
☐ Cómo
☐ Quiénes
☐ Cuántas
☐ Dónde

))) Demostrativos

Ubicación	Demostrativos	Ejemplos
cerca de la persona que habla	este, estos, esta, estas; esto	Mira, **este** es mi compañero de fútbol.
cerca de la persona con quien se habla	ese, esos, esa, esas; eso	¡Qué grande está **esa** niña!
lejos de quien habla y de quien escucha	aquel, aquellos, aquella, aquellas; aquello	¿Es tuyo **aquel** coche que está en la esquina?

5 Observa cada imagen y subraya la opción correcta.

a

¿Qué es **aquel / aquellos / aquello**? ¿Puedes verlo?

b

¿Cuándo has comprado **estos / esos / aquellos** auriculares?

c

He leído **este / ese / aquel** libro en menos de dos semanas.

d

Esta / Esa / Aquella es mi familia.

CONTEXTOS

> **Género textual: reportaje**
> El reportaje es un texto periodístico de carácter informativo. Puede referirse a un evento reciente o a cualquier tema de interés general e incluir imágenes, gráficos, declaraciones de entrevistados y especialistas, entre otros elementos que contribuyan a la exposición de las informaciones. Su extensión es variable, y algunos reportajes pueden ser bastante largos. Se produce en los formatos escrito, auditivo o audiovisual en diferentes soportes (periódicos, radio, televisión, canales de video en internet, etc.).

))) Prelectura

1 Conversa con un compañero y responde oralmente a las preguntas.

a ¿Te gusta leer o ver reportajes? ¿Qué temas te interesan más?

b ¿Ya has pensado sobre cómo nacieron los nombres de familia? ¿Cuál crees que puede ser su origen?

2 ¿Qué elementos suelen formar parte de un reportaje? Conversa con un compañero y señala las opciones que te parezcan correctas.

- **a** ☐ Información.
- **b** ☐ Fotografías.
- **c** ☐ Preguntas y respuestas.
- **d** ☐ Opinión del autor/periodista.
- **e** ☐ Estadísticas.
- **f** ☐ Otro: _____

))) Lectura

3 Lee el texto y contesta: ¿qué te llamó más la atención? ¿Por qué?

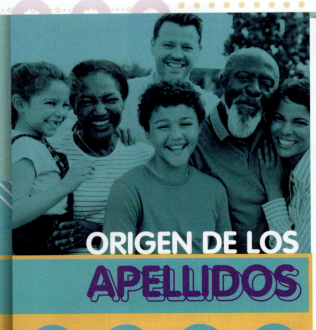

ORIGEN DE LOS APELLIDOS

El origen del apellido es, sobre todo, práctico. Para diferenciar a dos personas con el mismo nombre que vivían en el mismo lugar, se añadía algo para identificarlas, como su trabajo (Zapatero), lugar de origen (Gallego) o un rasgo físico (Delgado).

En algunas regiones de España empezó a usarse el sufijo "-ez" para indicar "hijo de". Así nacen apellidos como Hernández, Pérez, Rodríguez o González. Luego, si usted se apellida Hernández, en su árbol genealógico hubo un Hernando que, siglos después, sigue dando nombre a su familia.

Los apellidos comenzaron a hacerse oficiales en la Edad Media. "En un principio, los empleaban los miembros de las clases altas, pero poco a poco su uso se fue extendiendo a toda la población", explica la historiadora Mercedes Botero.

Hoy día, los apellidos más comunes en España son García, Rodríguez y González, mientras que Pachamé y Jubitero están entre los menos comunes. Según el Instituto Nacional de Estadística, hay unos 2300 apellidos que solo pertenecen a unas veinte personas.

Basado en: <www.heraldo.es/noticias/sociedad/2017/06/06/por-que-los-apellidos-acabados-significan-hijo-1179824-310.html> y <www.elespanol.com/curiosidades/espana-pueblos/apellidos-comunes-espana-ine/496950539_0.amp.html>. Acceso a ambos el: 6 oct. 2020.

))) Poslectura

4 ¿Cuál es el tema central del reportaje? Señala la opción correcta.
- a ☐ Los nombres de pila comunes en el mundo hispánico.
- b ☐ Los apellidos frecuentes en España y sus orígenes.
- c ☐ La procedencia de los nombres comunes en las clases altas.
- d ☐ La relación entre los apellidos y las características de las personas.

5 Marca V (verdadero) o F (falso) según el reportaje.
- a ☐ Para distinguir a personas que tenían el mismo nombre, se lo sustituía por un apellido.
- b ☐ Algunos de los apellidos que empezaron a crearse tenían que ver con características físicas.
- c ☐ Las familias ricas tardaron más que el resto de la población en adoptar apellidos.
- d ☐ Uno podía pasar a tener un apellido relacionado con su ocupación o lugar de origen.
- e ☐ La terminación "-ez" en un apellido indica que este deriva del nombre de un antecesor.
- f ☐ Todos los apellidos en España los llevan por lo menos unas dos mil personas.

6 Contesta las preguntas de acuerdo con el reportaje.
- a En el reportaje, ¿hay números o estadísticas? En caso afirmativo, ¿a qué se refieren?
  _____
- b En cuanto a los recursos visuales, ¿hay alguno en ese reportaje? Justifica tu respuesta.
  _____
- c En el reportaje, ¿se identifica la opinión del periodista que lo ha escrito?
  _____

Además del nombre de pila y del apellido, uno puede tener apodos o hipocorísticos. El apodo, o sobrenombre, es un nombre que se da a alguien por una característica suya y puede ser chistoso. El hipocorístico es un tipo específico de apodo, normalmente una forma diminutiva del nombre de pila. Para saber más, escucha la grabación.

))) Plan del texto
- ❑ Vas a escribir un reportaje sobre un tema relacionado con los apellidos: origen, los más frecuentes en tu región, etc. Haz una investigación sobre el asunto en diferentes fuentes y apunta lo más relevante.
- ❑ Toma fotos que puedan contribuir a la exposición de las informaciones. Además, entrevista a personas que entiendan del tema y toma nota de sus respuestas. Pídeles autorización a los responsables para publicar esas fotos y declaraciones en la Plataforma Ventana.
- ❑ Si es el caso, busca otros recursos visuales que puedas incluir en el texto.

))) Producción y divulgación
- ❑ Escribe un borrador del texto con la ayuda de un diccionario e incluye las imágenes en los lugares apropiados.
- ❑ Lee el reportaje con atención y haz las correcciones necesarias. Como lector, ¿crees que el texto es interesante? ¿Hay algo más que te gustaría saber con relación a ese tema? ¿Hay alguna imagen que te gustaría ver?
- ❑ Publícalo en alguna página y compártelo en la Plataforma Ventana (<www.ventanaalespanol.com.br>) con la etiqueta "reportaje".

3 ¡AQUÍ SE APRENDE!

Serás capaz de...

▷ hablar sobre el horario y la rutina escolar;
▷ nombrar objetos del aula;
▷ identificar a las personas relacionadas con el entorno escolar;
▷ comunicarte formal e informalmente.

¿QUÉ SABES?

▷ ¿Cómo es tu escuela?
▷ ¿Por qué vamos a la escuela?
▷ Las cosas que aprendemos en la escuela ¿son las mismas que aprendemos fuera de ella? ¿Por qué?

¡A EMPEZAR!

1 Relaciona las partes de la escuela con las imágenes.

☐ El patio.
☐ La biblioteca.
☐ El aula o salón de clases.
☐ El espacio *maker*.
☐ El salón de actos.

2 Las imágenes **c** y **f** representan un salón de clases. ¿Qué diferencias hay entre ellas?

3 Escucha la conversación entre una profesora y dos alumnas: Isabel y Marina, la nueva estudiante brasileña. ¿Qué partes de la escuela se mencionan en la grabación?

Imágenes animadas
http://mod.lk/3va1_u3i

treinta y tres 33

4 🎧 Lee el diálogo que acabas de escuchar y comprueba tus respuestas.

Profesora: Marina, esta es Isabel, alumna de 6.º grado. Ella te va a mostrar la escuela, ¿de acuerdo?

Isabel: ¡Hola, Marina! La escuela es muy bonita, creo que te va a gustar. ¿Vamos?

Profesora: Buen paseo, chicas. Las espero aquí en el aula, ¿sí?

Isabel: De acuerdo, profe. […] Mira, al final de este pasillo está la biblioteca.

Marina: ¿Y podemos sacar libros o solo consultarlos?

Isabel: Las dos cosas. Y, además, también hay computadoras para que podamos hacer nuestros trabajos. Ahí también hay algo que me encanta: ¡una sala especial con juegos de mesa! Los utilizamos en algunas clases o en los recreos. Aquí a la derecha están los laboratorios. Hay dos de Ciencias Naturales y uno de Tecnología, donde tenemos clases de Robótica y construimos algunas cosas.

Marina: Ah, en mi antiguo colegio lo llamábamos espacio *maker* y me encantaba. Oye, y ¿qué actividades hay por la tarde?

Isabel: Además de clases de refuerzo, hacemos proyectos interdisciplinarios de Matemáticas, Lenguaje, Ciencias, Historia…, o sea, todas las asignaturas que tienen que ver con el tema que vamos a trabajar. Es divertido, vas a ver. Y tenemos algunos horarios específicos para hacer los deberes.

Marina: Y cuando nos quedamos por la tarde, ¿cómo hacemos para comer?

Isabel: ¡Es justo ahí adonde ahora vamos! ¿Ves? Esta puerta da al comedor.

Marina: ¡Qué espacio gigante! Pero… ¿podemos ir a comer en casa? Vivo cerca, vengo a pie.

Isabel: Sí, por supuesto, puedes comer en casa. Mira, desde aquí también podemos llegar al patio, donde están las canchas y el salón de actos. Oye, Marina, ¿de verdad que eres brasileña? ¡Hablas español muy bien!

Marina: Gracias, Isabel. ¡Es que en Brasil estudiamos español algunos años y siempre he tenido profes increíbles!

34   treinta y cuatro

5 Marca V (verdadero) o F (falso) según el texto. Luego corrige las frases falsas.

a ☐ La profesora va a esperar a las alumnas en la biblioteca.
_____

b ☐ En la biblioteca los estudiantes pueden leer, hacer trabajos o divertirse con juegos de mesa.
_____

c ☐ Los estudiantes tienen clases de Robótica en uno de los laboratorios de Ciencias Naturales.
_____

d ☐ En la nueva escuela de Marina los alumnos deben hacer todos los deberes en casa.
_____

e ☐ Los proyectos interdisciplinarios involucran solo Matemáticas y Lenguaje.
_____

6 Señala las actividades que se realizan en tu escuela, así como en la de Marina e Isabel.

a ☐ Un(a) alumno(a) presenta la escuela a un(a) nuevo(a) compañero(a).
b ☐ Se puede consultar y sacar libros en la biblioteca.
c ☐ Hay computadoras en la biblioteca.
d ☐ Hay juegos de mesa en la biblioteca.
e ☐ Hay un laboratorio de Ciencias Naturales.
f ☐ Hay un laboratorio de Tecnología o espacio *maker*.
g ☐ Los alumnos tienen clases de Robótica.
h ☐ Los alumnos tienen clases de refuerzo.
i ☐ Los alumnos realizan proyectos interdisciplinarios.
j ☐ Los alumnos almuerzan en el comedor del colegio.

7 Contesta las siguientes preguntas sobre el texto.

a ¿Qué actividades tienen Isabel y Marina por la tarde en la escuela?
_____

b De acuerdo con el diálogo, ¿la nueva escuela de Marina es del mismo tamaño que la anterior? ¿Por qué?
_____

8 Conversa con un compañero y apunta tus respuestas.

a ¿Qué prefieres: aprender por tu cuenta o con tus profesores y compañeros? ¿Por qué?
_____

b ¿En qué partes de la escuela aprendes a estudiar? ¿Y a convivir?
_____

c Se dice que uno va a la escuela para aprender, pero hoy día aprendemos en todas partes. ¿Qué diferencias hay entre lo que aprendes en el colegio y fuera de él?
_____

9 En grupos, investiguen qué asignaturas se estudian en los diferentes países de habla española. Apunten las informaciones encontradas y contesten: ¿qué diferencias o semejanzas hay con relación a Brasil?
_____

CAJÓN DE LETRAS Y SONIDOS

La escuela

Instalaciones
el aula/el salón de clases
la biblioteca
la cancha deportiva
el comedor
la dirección
el laboratorio de Ciencias Naturales
el patio
la secretaría

Profesionales
el/la bedel
el/la bibliotecario(a)
el/la director(a)
el/la jefe(a) de estudios
el/la profesor(a)

VTR
Galería de imágenes
http://mod.lk/3va1_u3v

1 Nicolás siempre pierde su mochila. Observa las imágenes del circuito interno de seguridad y, en la tabla anterior, haz un círculo alrededor de las partes de la escuela dónde se la ha olvidado este mes.

Las asignaturas y los días de la semana

Colegio Joaquín Salvador Lavado

Lunes	Martes	Miércoles	Jueves	Viernes
Lenguaje	Ciencias	Historia	Lengua Extranjera	Ciencias
Matemáticas	Educación Física	Matemáticas	Geografía	Lenguaje
Historia	Lenguaje	Ciencias	Educación Física	Lengua Extranjera
Ciencias	Matemáticas	Lenguaje	Lenguaje	Arte
Geografía	Lengua Extranjera	Matemáticas	Robótica	Geografía
Arte	Matemáticas	Lengua Extranjera	Robótica	Historia

Actividades por la tarde: Lunes y viernes: estudio y refuerzo; proyectos. Miércoles: estudio y refuerzo; prácticas deportivas.

2 Observa el horario de clases y contesta oralmente las siguientes preguntas.
  a ¿Los estudiantes tienen clase doble de alguna asignatura? ¿Cuál y cuándo?
  b ¿Alguna tarde los estudiantes se dedican a actividades físicas? ¿Cuál?

Los objetos del aula

el bolígrafo   el compás   el cuaderno   el estuche   el lapicero   el lápiz
el libro   el pegamento   el rotulador   el sacapuntas   la carpeta   la goma
la pizarra   la regla   la tijera   la tiza

3 Completa las frases siguientes con el útil escolar correspondiente.
  a Hoy vamos a necesitar la _____ para cortar los papeles y el _____ para adherirlos.
  b Para dibujar círculos perfectos usamos el _____ y para registrar nuestros cálculos, el _____. Si nos equivocamos, borramos los números con la _____.

4 🎧 0130 Escucha la grabación y repite las palabras y lo que dice el chico.

> **La "h"**
> Fíjate: en español la "h" no tiene sonido, así como en portugués.

hablar   hacer   hemisferio   hipocorístico   hola   horario

> **H**ola, **H**oracio. **H**elena me llamó para decirme que **h**oy no podrá venir a la **h**emeroteca para terminar el trabajo de **H**istoria. Tuvo que ir al **h**ospital a visitar a su abuela **H**ortensia.

1 Observa la imagen y lee el diálogo.

)))Presente de Indicativo

Verbos irregulares con "g" en la 1.ª persona del singular

Pronombres	Hacer	Tener	Decir
Yo	ha**g**o	ten**g**o	di**g**o
Tú/Vos	haces/hacés	ti**e**nes/tenés	d**i**ces/decís
Él/Ella/Usted	hace	ti**e**ne	d**i**ce
Nosotros(as)	hacemos	tenemos	decimos
Vosotros(as)	hacéis	tenéis	decís
Ellos(as)/Ustedes	hacen	ti**e**nen	d**i**cen

Pronombres	Poner	Venir	Salir	Traer
Yo	pon**g**o	ven**g**o	sal**g**o	trai**g**o
Tú/Vos	pones/ponés	vi**e**nes/venís	sales	traes
Él/Ella/Usted	pone	vi**e**ne	sale	trae
Nosotros(as)	ponemos	venimos	salimos	traemos
Vosotros(as)	ponéis	venís	salís	traéis
Ellos(as)/Ustedes	ponen	vi**e**nen	salen	traen

Algunos verbos irregulares incorporan una "g" en la 1.ª persona del singular (yo). Otros, además, cambian la vocal de su raíz por un diptongo (como el verbo "tener") o por otra vocal (como el verbo "decir"). Observa que las formas verbales que corresponden a "nosotros(as)" y "vosotros(as)" son siempre regulares.

treinta y siete 37

2 Completa las frases con uno de los verbos del recuadro.

> dice   ponemos   salgo   tengo   trae   viene

a Esta tarde _____ que hacer muchos deberes de Matemáticas.
b Cuando _____ del colegio, mi hermanita siempre _____ novedades.
c _____ de la clase de natación y voy directo a la de inglés.
d ¿Dónde _____ estos libros, señorita?
e La profesora de Ciencias _____ que ser curioso es una cualidad de un investigador.

3 Para completar el crucigrama, conjuga los verbos en Presente de Indicativo de acuerdo con las personas indicadas.

a decir – yo
b poner – tú
c salir – Alberto y yo
d tener – Julio y Cristina
e venir – usted
f salir – ellas
g traer – tú
h tener – yo
i hacer – yo
j decir – vosotros(as)

4 Completa las frases conjugando los verbos entre corchetes en la persona que corresponde.

a María y yo siempre _____ nuestros deberes juntas. [hacer]
b Cuando llego a casa, _____ mis cosas en mi cuarto y voy a comer. [poner]
c _____ al cole en bicicleta, pues vivo muy cerca. [venir]
d _____ un diccionario bilingüe inglés-español. [tener – yo]
e Rafaela, mañana te _____ el estuche que te prometí, sin falta. [traer – yo]
f Los nuevos alumnos de 6.º A _____ de un colegio bilingüe. [venir]

5 Ordena los elementos para formar frases conjugando los verbos que están en negrita.

a que preparar – esta semana – la exposición de Arte – **tener** [nosotros]
   _____

b ¿ – **salir** [tú] – a qué hora – clase de Robótica – de la – ?
   _____

c ¡ – **decir** [ella] – un lindo acento – que **tener** [nosotros] – la profesora de Español – !
   _____

d **tener** – el sexto año – clases de Español – los martes – viernes – y
   _____

38 treinta y ocho

LENGUA EN USO

▷ **Usar el tratamiento informal**

Martina, ¿**tú** vienes de Buenos Aires o de Mendoza? (una persona)
Nicolás, ¿**vos** sos uruguayo o argentino? (una persona)
Rocío y Carmen, ¿de dónde venís **vosotras**? (dos o más personas)
¡Muchachos, **ustedes** son muy buenos alumnos! (dos o más personas)

▷ **Usar el tratamiento formal**

Señor Suárez, ¿es **usted** el nuevo Director del Instituto? (una persona)
Buenos días, señores. ¿**Ustedes** vienen para la reunión? (dos o más personas)

1 🔊 Escucha la grabación e identifica a qué imagen corresponde cada situación.

2 🔊 Escucha una vez más e indica si la situación es formal o informal.

a Situación 1: _____.   c Situación 3: _____.
b Situación 2: _____.   d Situación 4: _____.

3 Con tu compañero, imaginen cómo serían los siguientes diálogos. Escríbanlos en sus cuadernos y luego preséntenselos a los otros alumnos.

a Un niño saluda a su profesora al llegar a la escuela.
b La madre de un alumno llega al colegio para hablar con el jefe de estudios.

treinta y nueve 39

¡ACÉRCATE!

1 Observa la imagen y lee el diálogo.

¡Qué despistada soy! ¡Perdón!

No hay problema. A ver... **el** bolígrafo y **la** regla son míos. **Los** libros son tuyos.

Artículos definidos e indefinidos

Los artículos definidos vienen antes de un sustantivo que se refiere a un objeto o persona específica, conocido por los interlocutores.

Singular	el	+ sustantivo masculino singular	**El lápiz** azul está debajo de la mesa.
	el	+ sustantivo femenino singular que empieza con "a" o "ha" tónicas. En estos casos, los sustantivos siguen siendo femenino. Los nombres de las letras "a" y "h" son excepciones.	**El agua** está fría. **El hacha** del leñador está sucia. El alfabeto español empieza por **la a** y **la hache** es la octava letra.
	la	+ sustantivo femenino singular	**La alumna** nueva va a estudiar en **la clase** de mi hermana.
Plural	los	+ sustantivo masculino plural	**Los libros** de inglés ya llegaron a la biblioteca.
	las	+ sustantivo femenino plural	**Las clases** terminan a las cuatro.

Los artículos indefinidos, a su vez, anteceden sustantivos que se refieren a objetos o personas no específicos o no identificados por los interlocutores.

Singular	un	+ sustantivo masculino singular	Quiero leer **un libro** sobre historia griega.
	un	+ sustantivo femenino singular que comienza con "a" o "ha" tónicas	El colegio busca **un área** libre para construir el nuevo complejo deportivo.
	una	+ sustantivo femenino singular	Necesito **una casa** más cerca del colegio.
Plural	unos	+ sustantivo masculino plural	En la exposición hay **unos trabajos** muy bonitos.
	unas	+ sustantivo femenino plural	Esta tarde tengo que terminar **unas tareas** de la escuela antes de ir a la clase de inglés.

Contracciones

Solo hay dos contracciones en español, formadas por la unión de una preposición con un artículo.	a + el = **al**	El comedor está **al** lado de la cancha deportiva.
	de + el = **del**	Llego **del** colegio y hago la tarea.

OJO

Todos los demás casos en que, en portugués, se forman contracciones se escriben separados en español: voy **a la** escuela; paseo **por el** patio; estoy **en la** biblioteca.

40 cuarenta

2 Completa con los artículos definidos o indefinidos correspondientes a las siguientes palabras.

a _____ /unos libros.
b El/_____ cuaderno.
c _____ /un compás.
d La/_____ tijera.
e _____ /unos lapiceros.
f _____ /una mochila.
g Los/_____ rotuladores.
h _____ /una carpeta.
i El/_____ estuche.

3 Haz un círculo alrededor de la opción que completa correctamente las frases.

a Silvia, ¿tienes **un/el** bolígrafo para prestarme?
b Mi madrina me regaló **los/unos** lápices de colores que vimos en **la/una** papelería de su amiga.
c En **la/una** biblioteca de la escuela trabajan dos bibliotecarias.
d Necesito **las/unas** cuatro o cinco hojas de papel para terminar el trabajo de Historia.
e Señor González, hay **unos/los** profesores aquí que quieren hablar con usted.

4 Completa las frases con las palabras del recuadro.

a las   al   de la (2x)   del   el   en las

a Durante _____ verano _____ clases de Educación Física nadamos.
b Las clases empiezan _____ dos de la tarde.
c Estos muebles son _____ laboratorio de Tecnología, ¿no?
d Las computadoras _____ biblioteca están disponibles para hacer trabajos escolares.
e La secretaría está _____ lado _____ sala del director.

cuarenta y uno 41

CONTEXTOS

> **Género textual: artículo de diccionario**
> La función de un diccionario es dar a conocer el significado de palabras o expresiones de una determinada lengua. Puede ser impreso o electrónico. Normalmente, cuando es impreso, trae los vocablos en orden alfabético. Hay varios tipos de diccionarios: monolingües, bilingües, temáticos, pictóricos, etc.

))) Prelectura

1 Conversa con un compañero y responde oralmente a las preguntas.

  a Durante una lectura, si te deparas con una palabra desconocida, ¿qué haces?

  b ¿Sueles utilizar diccionarios impresos o digitales? ¿Cómo lo haces?

2 En tu opinión, ¿cuáles son las mejores estrategias para aprender palabras nuevas?

  a ☐ Leer textos variados.   **c** ☐ Armar glosarios ilustrados.

  b ☐ Resolver crucigramas.   **d** ☐ Otra: _____

))) Lectura

3 🎧 015 Lee este artículo de diccionario e identifica cada uno de sus componentes.

acepción   clase gramatical   ejemplo   entrada o lema   sinónimo

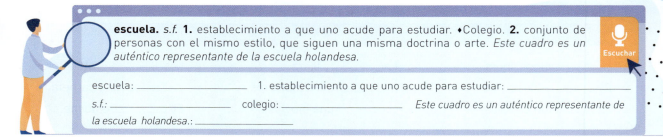

escuela. *s.f.* **1.** establecimiento a que uno acude para estudiar. ♦Colegio. **2.** conjunto de personas con el mismo estilo, que siguen una misma doctrina o arte. *Este cuadro es un auténtico representante de la escuela holandesa.*

escuela: _____   1. establecimiento a que uno acude para estudiar: _____
s.f.: _____   colegio: _____   Este cuadro es un auténtico representante de la escuela holandesa.: _____

))) Poslectura

4 Lee los siguientes artículos y relaciónalos con el tipo de diccionario que corresponden.

  a Diccionario monolingüe.   **c** Diccionario ilustrado.

  b Diccionario bilingüe.   **d** Diccionario de sinónimos y antónimos.

☐

entrada. *f.* [...] 14. *Ling.* En un diccionario o en una enciclopedia: Palabra o expresión que encabezan un artículo. *Las entradas de este diccionario están escritas en negrita.* Tb. El mismo artículo (→ artículo). *El diccionario tiene más de 70 000 entradas.*

REAL ACADEMIA ESPAÑOLA. *Diccionario del estudiante.* Barcelona: Santillana Ediciones Generales, 2005, p. 566.

☐

42 cuarenta y dos

Saludar: 1. Cumplimentar a alguien: cumplimentar. Ejemplo: *No lo vi saludar a Paula.*
2. Saludar a alguien: recibir, abrazar, estrechar. Ejemplo: *José saludó a Tomás con alegría.*
3. Saludar con una reverencia: reverenciar, inclinarse. Ejemplo: *Los súbditos saludaban al rey.*
4. Aplaudir, ovacionar, aclamar. Ejemplo: *El público saludó la valentía del torero.*

Disponible en: <www.sinonimosonline.com/saludar/>. Acceso el: 15 oct. 2020.

M
ma.es.tro, tra. *adj.* **1.** Diz-se de pessoa ou obra de mérito. ▷ Mestre. **2.** Que tem prática e habilidade em alguma coisa. ▷ Mestre. s. **3.** Pessoa que ensina ciência ou arte ou tem título para fazê-lo. ▷ Mestre. **4.** Professor licenciado. ▷ Licenciado. **5.** Professor que ensina no ensino fundamental. ▷ Professor. ♦ **Llave maestra.** Chave mestra. **Maestro de obras.** Mestre de obras.

DÍAZ Y GARCÍA-TALAVERA, Miguel. *Dicionário Santillana para estudantes*: espanhol-português, português-espanhol. São Paulo: Moderna, 2003, p. 323.

5 Lee una vez más los artículos de la actividad anterior y completa la tabla.

Indica(n) la clase gramatical a que pertenece el vocablo	Trae(n) la separación silábica de la palabra	Ofrece(n) ejemplos de uso del vocablo o expresión	Trae(n) pistas sobre la pronunciación/ sílaba tónica de la palabra

6 Sobre los diccionarios, contesta oralmente las siguientes preguntas.

a ¿En qué situación usarías un diccionario de sinónimos y antónimos?
b ¿Cuál tipo de diccionario te parece más práctico, el impreso o el digital? ¿Por qué?
c ¿Qué elemento aparece en un diccionario digital que no está presente en uno impreso?

En 2020, cuando el mundo fue sorprendido por la pandemia causada por la covid-19, las escuelas tuvieron que reinventar la manera de dictar clases. Términos como "ambiente virtual de aprendizaje" o "videoclases" se popularizaron y pasaron a formar parte del día a día de alumnos y profesores de la enseñanza básica. Sin embargo, dichos recursos no surgieron allí. Para saber más, escucha la grabación.

Plan del texto

☐ Ahora te toca a ti ser el lexicógrafo, es decir, el responsable por componer un diccionario. Con tus compañeros, elijan un tema relacionado con la escuela y repártanse el vocabulario básico referente a él. Elijan el tipo de diccionario y determinen qué elementos del género van a componer la obra.

Producción y divulgación

☐ Escribe el artículo de diccionario con tus propias palabras y revisa con atención tu texto.
☐ Publícalo en la Plataforma Ventana (<www.ventanaalespanol.com.br>) con la etiqueta "artículo de diccionario".

REPASO

1 Recuerda las informaciones sobre los países hispanohablantes y apunta sus nombres.

a País con el mayor número de hispanohablantes: _____.

b Tres países que tienen otros idiomas oficiales, además del español: _____.

c País donde el carnaval dura más de 41 días: _____.

d País en que está ubicada la ciudad poblada más alta del mundo: _____.

e País famoso por su café: _____.

2 🎧 0170 Escucha los nombres de algunos países deletreados y apúntalos. Luego escribe las nacionalidades correspondientes.

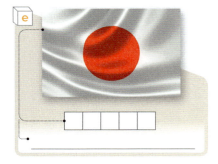

3 Escribe las opciones que completan correctamente las frases.

¿Sabías que...

el español es _____ (una – un – al) de las lenguas más habladas en el mundo; y que es _____ (el – la – las) segunda lengua _____ (de los – del – el) mundo por número de hablantes nativos, tras _____ (los – el – un) mandarín, y _____ (unos – el – la) segundo idioma de comunicación internacional?

se prevé que en 2050 el tamaño _____ (del – de la – el) grupo de hispanohablantes será superior _____ (al – del – la) grupo de hablantes nativos de inglés y francés?

en 2060 Estados Unidos será _____ (la – el – los) segundo país con más hispanohablantes _____ (del – un – el) mundo, después de México?

_____ (los – un – el) español ocupa _____ (la – los – el) tercera posición en _____ (el – las – la) Organización _____ (de las – del – de la) Naciones Unidas y _____ (el – la – las) cuarta en el ámbito institucional _____ (del – la – de la) Unión Europea?

44 cuarenta y cuatro

4 Ordena las preguntas y relaciónalas con sus respectivas respuestas.

a ir – baño? – al – ¿Puedo
_____

b se – en – dice – ¿Cómo – *adeus* – español?
_____

c prestarme – por favor? – tu – ¿Puedes – libro,
_____

d ¿Cómo – palabra – deletrea – la – "alemana"? – se
_____

e por favor? – hablar – ¿Puedes – despacio, – más
_____

☐ Se deletrea: a, ele, e, eme, a, ene, a.   ☐ Claro, aquí lo tienes.
☐ Se dice "adiós".   ☐ Sí, pero no demores.
☐ Sí, por supuesto.

5 Lee e indica si las personas se tratan de manera formal o informal. Fundamenta tu respuesta.

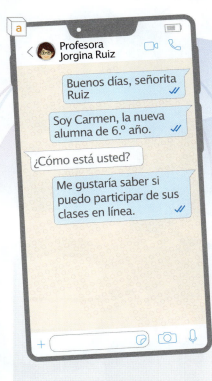
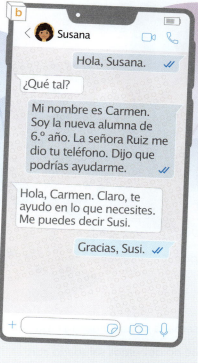
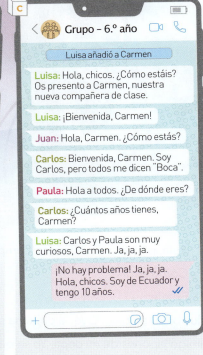

6 Completa las frases de acuerdo con las informaciones presentes en los mensajes de la actividad anterior.

   apellido   apodo   hipocorístico

a Ruiz es el _____ de la profesora Jorgina.
b El _____ de Susana es Susi.
c Carlos tiene un _____: Boca.

7 Extrae de los mensajes de la actividad 5 expresiones utilizadas para:

　a　saludar. _____

　b　presentarse o presentar a alguien. _____

　c　preguntar y decir la edad. _____

　d　preguntar y responder de dónde proviene una persona. _____

8 Escribe la despedida más adecuada a cada caso.

　a　Te despides de un amigo que vas a encontrar mañana.
　　_____

　b　Te despides de alguien que verás en poco tiempo.
　　_____

　c　Te despides de alguien que no sabes cuándo volverás a ver.
　　_____

9 Lee la conversación y complétala con los signos de puntuación y con lo que muestran las imágenes.

— ___Hola, primo___ ___Cuánto tiempo___ ___Cómo estás___

— ___Excelente___, ___y tú___

— Muy bien también. Oye, la próxima semana viene a nuestra casa un amigo japonés de mi papá. Yo sé que no debemos saludarlo con **(a)** _____, pues en su cultura es diferente. Tú que has estado en Japón ___sabrías decirme cómo es___

— ___Claro___ Allí es más común que se saluden con una **(b)** _____.

— ___Qué diferente___ El otro día leí que en algunas partes de Europa tampoco la gente se besa o se **(c)** _____ cuando se encuentra. Es más común saludar con apenas un **(d)** _____. ___Lo sabías___

— ___No___ Voy a fijarme en eso cuando vea películas europeas.

46　cuarenta y seis

10 🎧 Escucha la grabación y comprueba tus respuestas a la actividad anterior.

11 🎧 Escucha los minidiálogos y marca en qué personas aparece conjugado el verbo "llamarse".

	Diálogo 1	Diálogo 2	Diálogo 3	Diálogo 4
Yo				
Tú				
Él				
Ella				
Usted				
Nosotros(as)				
Vosotros(as)				
Ellos				
Ellas				
Ustedes				

12 Elige una persona, un verbo y un complemento y forma seis frases.

a Ella   vivimos   mi ayuda
b Tú   aprendo   alemán
c Nosotras   estudia   mucho
d Ustedes   necesitas música latina
e Yo   viajáis   en la escuela
f Vosotras   escuchan   en Brasil

_____
_____
_____
_____
_____
_____

13 Completa las frases conjugando los verbos en la 1.ª persona del singular.

> poner   ser   tener   traer   venir

a ¿Me puedes pasar esos libros? Así los _____ en la estantería.
b ¿Ves aquel chico de camisa azul? _____ su mejor amigo.
c _____ que terminar esta tarea hoy.
d Todos los días _____ conmigo este diccionario.
e Yo siempre _____ a la escuela por aquella calle.

14 Apunta en la tabla los demostrativos de la actividad anterior.

Demostrativo	Singular		Plural	
Posición	Masculino	Femenino	Masculino	Femenino
cerca de la persona que habla				
cerca de la persona con quien se habla				
lejos de quien habla y de quien escucha				

cuarenta y siete 47

15 Formula preguntas a partir de las respuestas dadas. No te olvides de utilizar los interrogativos.

a _____

Está en el patio.

b _____

Tengo que entregar la tarea mañana.

c _____

Son los nuevos profesores de Geografía e Historia.

d _____

Estoy haciendo mis tareas.

16 Investiga y apunta los días y meses adecuados.

a El mes más corto del año: _____.

b El mes en que se celebra el Día del Niño en Brasil: _____.

c El día de la semana que antecede al viernes: _____.

d El primer día de la semana en que hay clases en España: _____.

17 Responde a las siguientes preguntas.

a ¿Cuál es tu mes favorito? ¿Por qué?
_____

b ¿En qué mes cumple años tu mejor amigo(a)?
_____

c ¿Qué día de la semana te gusta más? ¿Por qué?
_____

d ¿Qué día de la semana será tu cumpleaños este año?
_____

18 Escucha el pódcast de Ale y contesta lo que se te pide.

a ¿Cuáles son las asignaturas favoritas de Ale?
_____

b ¿Qué días de la semana practica deportes en la escuela?
_____

c ¿Qué lugares de la escuela menciona Ale?
_____

d Ale cita a algunos profesionales de la escuela. Señala la opción correcta.

El señor Díaz es:
☐ el director.
☐ el bedel.
☐ el profesor.

El señor Santiago es:
☐ el jefe de estudios.
☐ el bibliotecario.
☐ el profesor.

La señora Fernández es:
☐ la bibliotecaria.
☐ la profesora.
☐ la secretaria.

19 Observa las ofertas de esta papelería y completa las frases. Escribe los números en letras.

a El útil escolar más caro es el _____ y cuesta _____ reales.

b Para comprar _____ cuadernos es necesario tener _____ reales.

c Con _____ reales puedo comprar una tijera.

d Si compro dos bolígrafos, voy a gastar _____ reales.

e Cada _____ cuesta _____ real.

f Un estuche y una _____ cuestan, juntos, _____ reales.

20 Tienes veinte reales para gastar en la papelería. ¿Qué comprarías? Compra al menos cuatro útiles escolares. Haz tu lista en el cuaderno y escribe los valores de los ítems en letras.

21 Señala el género que corresponde a cada característica.

	Cartel de turismo	Reportaje	Artículo de diccionario
Es un texto periodístico.			
Puede incluir imágenes.			
Se produce en formato escrito o audiovisual.			
Tiene como objetivo incentivar la visita a un determinado lugar.			
Es corto en extensión.			
Su función es dar a conocer el significado de una determinada palabra.			
Puede ser producido en más de un idioma.			
Generalmente, está organizado alfabéticamente.			
Puede tratar de turismo, sitios, museos.			
Presenta la opinión de entrevistados y estadísticas sobre el tema.			
Presenta sinónimos, clases gramaticales y ejemplos.			

cuarenta y nueve

PROYECTO INTERDISCIPLINARIO 1

MIS RAÍCES CULTURALES

- **Organización:** la clase dividida en tres grupos
- **Temas Contemporáneos Transversales:** *Direitos da Criança e do Adolescente; Diversidade Cultural; Vida Familiar e Social*
- **Metodología activa:** aprendizaje entre pares

Como saben, Brasil está conformado por diferentes culturas: indígenas, africanas, europeas, asiáticas, latinoamericanas, etc., y cada una de ellas influye, de alguna manera, en nuestra vida; puede ser en las costumbres, las características físicas o psicológicas, el vestuario, el modo de pensar, la gastronomía y un sinfín de cosas más.

Les proponemos, a continuación, una investigación sobre temas relacionados con las causas y consecuencias de esta mezcla, así como la producción de leyendas de fotos que representen las raíces y la pluralidad de la cultura brasileña.

Primera etapa

Dividan la clase en 3 grupos. Cada equipo se encargará de investigar y organizar una presentación sobre uno de los temas a continuación:

- **Grupo 1:** Migración: ¿qué es?, ¿es una práctica común en Brasil?, ¿en qué regiones hay más migraciones y cuáles reciben más migrantes?, ¿cuáles son las principales motivaciones de la gente para migrar?
- **Grupo 2:** Inmigración: ¿qué es?, ¿es un fenómeno común en Brasil?, ¿de dónde viene/vino la mayoría de los inmigrantes?, ¿cuáles son las principales motivaciones para inmigrar a Brasil?
- **Grupo 3:** Diversidad cultural: ¿qué es?, ¿qué tipos de diversidad hay?, ¿cómo es la diversidad cultural brasileña?, ¿cómo se compone?

Para contestar estas preguntas, consulten páginas web, libros, videos, pódcasts, periódicos, enciclopedias, etc. Además, pueden contar con la orientación de los profesores de Historia y Geografía.

Segunda etapa

Cada grupo presentará a la clase la investigación hecha en la etapa anterior, como si fuese una clase sobre el tema. Exhiban imágenes, mapas, etc., para ilustrar lo que dicen y sean didácticos. Tras cada presentación, abran espacio para que los compañeros les hagan preguntas y sugerencias, saquen dudas y compartan sus puntos de vista o conocimientos sobre el tema. Luego conversen entre todos:

- ¿Conocen a algún migrante/inmigrante? ¿Qué saben de ellos y de sus historias?
- ¿Cuál es la relación entre la diversidad cultural y los fenómenos de migración e inmigración?
- ¿Cuál es la importancia de conocer y comprender estos temas?

Tercera etapa

En esta fase ustedes van a investigar y reflexionar sobre la migración/inmigración y la diversidad cultural en su propia vida, o sea, cómo influyen en ustedes otros pueblos y culturas.

- ¿De dónde es mi familia? ¿En qué país/región nacieron mis antepasados?
- ¿Cuáles son los idiomas oficiales y/o acentos en el lugar de origen de mis antepasados?
- ¿Cuánto tiempo hace que viven en Brasil o en mi ciudad?
- ¿Por qué se mudaron? ¿Por qué decidieron dejar su tierra de origen?
- ¿Qué hábitos de la rutina de mi familia son herencia del lugar de origen de mis antepasados? ¿Alguna comida, celebración, costumbre, prenda de vestir?
- Además de la herencia relacionada con el origen de la familia, ¿hay otros pueblos que, con el paso del tiempo, influenciaron los hábitos de mi familia o los míos? ¿Cuáles? ¿Cómo?

Cuarta etapa
Busquen más informaciones sobre el lugar de origen de sus antepasados a fin de descubrir otras características de su gente y después compártanlas con sus compañeros. Para ello, cuenten con las orientaciones de los profesores de Historia y Geografía.

Quinta etapa
Considerando que el respeto a las diferencias es el camino para la construcción de una sociedad más justa y menos prejuiciosa y que "ser diferente es normal", ustedes van a sacar una foto y producir una leyenda que simbolice y valore la diversidad representada. En grupos:

- Reflexionen sobre alguna característica en ustedes que esté relacionada con el origen de sus familias y una característica que demuestre la influencia de otro pueblo. Puede ser un rasgo psicológico, un gusto, un hábito alimentario y/o de comportamiento, etc. Encuentren una manera de representarla en una fotografía personal: alimentos, objetos, lugares, etc.
- Después de sacar la foto, piensen una leyenda para acompañarla. En el texto deben presentarse (sus nombres, edades, ciudad y escuela) y tratar sobre la diversidad cultural. Tengan en cuenta que la imagen es el elemento de mayor importancia y, por eso, la leyenda no debe ser extensa.
- Antes de entregar la foto con su leyenda al profesor, intercámbienla con otros grupos para que la revisen.

Sexta etapa
Organicen con toda la clase una exposición para divulgar entre la comunidad escolar y los familiares las fotos con sus leyendas. Después publíquenlas en alguna página web y compártanlas en la Plataforma Ventana (<www.ventanaaespanol.com.br>) con la etiqueta "leyenda de foto".

cincuenta y uno 51

5 LAS FAMILIAS DEL SIGLO XXI

Imágenes animadas
http://mod.lk/3va1_u5a

Serás capaz de...

- preguntar e informar los grados de parentesco;
- describir la relación entre los miembros de una familia;
- preguntar e informar el estado civil y las relaciones de pareja.

¿QUÉ SABES?

- ¿Cuántas personas viven contigo?
- ¿Tienes hermanos(as), primos(as)? ¿Cuántos(as)?
- ¿Qué entiendes por familia?

¡A EMPEZAR!

1 Para ti, ¿cómo son las familias del siglo XXI? Contesta con base en las imágenes.

2 Escucha la presentación de Martina y haz un círculo alrededor de las personas que **no** se mencionan.

abuela   hermanastra   hijo
madrastra   madre   padrastro
padre   primo   tía   tío

cincuenta y tres 53

3 Lee el texto y luego marca V (verdadero) o F (falso) sobre la familia de Martina.

> Hola, soy Martina y hoy voy a contarles con quién vivo: al principio vivíamos mi padre, mi madre, mi hermanastro mayor, mi hermana menor y yo. Sin embargo, desde hace unos meses mis abuelos paternos vinieron a vivir con nosotros. El abu necesita cuidados especiales y entre todos lo estamos cuidando con mucho cariño. Para eso está la familia, ¿no? Mi tío, que vive muy cerca, viene a verlo todos los días. A Nube, nuestra mascota, se la nota más contenta que nunca porque los abuelos le dan mucha atención y a menudo la abuela la lleva a pasear. En fin, ¡todos somos más felices ahora por tener a los abuelos aquí!

- **a** ☐ La familia de Martina se puso muy triste con la llegada de los abuelos.
- **b** ☐ El hermanastro de Martina es el mayor de los hermanos.
- **c** ☐ Martina es la hermana más chica.
- **d** ☐ Aunque el tío de Martina no vive muy cerca, los visita con frecuencia.

4 Ordena las imágenes de acuerdo con el texto y apunta los miembros de la familia que aparecen en ellas.

5 Escribe el apodo cariñoso utilizado por Martina y di a quién se refiere.

6 ¿En tu familia se utilizan apodos cariñosos? ¿Cuáles?

7 ¿Por qué los abuelos fueron a vivir con la familia de Martina?

8 ¿En algún momento ha habido algún cambio en las personas con quienes vives? ¿Cuál(es)?

9 Busca en internet algunos apodos cariñosos para familiares y compártelos con el grupo.

¡Abuelito!

CAJÓN DE LETRAS Y SONIDOS

Las familias

- el/la abuelo(a)
- el/la bisabuelo(a)
- el/la hermanastro(a)
- el/la hermano (a)
- el/la hijastro(a)
- el/la hijo(a)
- el/la marido (esposo)/la mujer (esposa)
- el/la padrastro/la madrastra
- el/la primo(a)
- e//la sobrino(a)
- el/la suegro(a)
- el/la tatarabuelo(a)
- el/la tío(a)
- el yerno/la nuera

Situaciones de pareja

| estar de/tener novio(a) | estar prometido(a) | estar separado(a) | ser pareja |
| ser viudo(a) | ser/estar casado(a) | ser/estar divorciado(a) | ser/estar soltero(a) |

1 Apunta en qué secuencia aparecen las siguientes familias en la galería de imágenes.

- ☐ Tío y sobrina.
- ☐ Hermanos.
- ☐ Padre, madre e hijos.
- ☐ Suegros, nuera y yerno.
- ☐ Abuelos y nietos.

Galería de imágenes
http://mod.lk/3va1_u5v

2 Completa las frases con las situaciones de pareja.

casado(a/s)   novio(a/s)   prometido(a/s)   viudo(a/s)

a Mi tía Lucía es _____; mi tío falleció hace ya unos 5 años.
b Mis padres están _____ desde hace veinte años.
c Juan ya no es mi _____; ¡ahora es mi _____!
d ¿Crees que Julián tiene _____?

3 🎧 Escucha la grabación y repite las palabras. Fíjate en la pronunciación de la "t".

contigo   gente   internet   nieto
prometido   soltero   tatarabuelo   tío

La "t"
La "t" se pronuncia de la misma manera con todas las vocales.

4 Busca cinco palabras con "t" en el glosario y léelas a un compañero para que las apunte en el cuaderno. Corríjanlas e intercambien los papeles.

1 Observa las imágenes y lee el diálogo.

> En español también se utiliza el verbo "salir" para hablar de la semejanza entre dos personas. Ejemplos: ¡Esta niña ha salido a su padre!; ¡Juan salió a su madre!

Presente de Indicativo

Verbos irregulares con "z" en la 1.ª persona del singular

Pronombres	Parecerse	Conocer	Crecer
Yo	me parezco	conozco	crezco
Tú/Vos	te pareces/te parecés	conoces/conocés	creces/crecés
Él/Ella/Usted	se parece	conoce	crece
Nosotros(as)	nos parecemos	conocemos	crecemos
Vosotros(as)	os parecéis	conocéis	crecéis
Ellos(as)/Ustedes	se parecen	conocen	crecen

> El verbo "parecerse" siempre va seguido de la preposición "a"; el verbo "conocer" lleva la preposición cuando se refiere a personas. Ejemplos: Me parezco/Salí **a** mi prima; Conocí **a** tus padres.

Verbos irregulares "ir" y "dar" y verbos irregulares que cambian "e" por "i"

Pronombres	Ir	Dar
Yo	**voy**	**doy**
Tú/Vos	vas	das
Él/Ella/Usted	va	da
Nosotros(as)	vamos	damos
Vosotros(as)	vais	dais
Ellos(as)/Ustedes	van	dan

Pronombres	Pedir	Seguir	Medir
Yo	pido	sigo	mido
Tú/Vos	pides/pedís	sigues/seguís	mides/medís
Él/Ella/Usted	pide	sigue	mide
Nosotros(as)	pedimos	seguimos	medimos
Vosotros(as)	pedís	seguís	medís
Ellos(as)/Ustedes	piden	siguen	miden

cincuenta y siete 57

2 Completa las frases con los verbos del recuadro.

> crece   crezco   parece   parezco   seguís   vamos   van

- a Los García siempre _____ al teatro.
- b Estas vacaciones mi familia y yo nos _____ de viaje a Cuzco.
- c Mi hermana se _____ a mi padre y yo me _____ a mi madre.
- d ¿Vosotros _____ viviendo en la finca de vuestro abuelo?
- e Cuantos más años vivimos juntos, más _____ nuestra relación, más _____ como persona.

3 Conjuga los verbos irregulares en Presente de Indicativo.

- a Dame un consejo, ¿le _____ la mano a Sara en aquel restaurante que nos gusta? [pedir – yo]
- b _____ las fotos de cuando eran niños para exponerlas en la boda. [pedir – nosotros]
- c ¿_____ a la casa de los abuelos pasado mañana o no? [ir – vosotros]
- d _____ unos cinco centímetros más que mi hermano. [medir – yo]

4 Encuentra los verbos conjugados en la 1.ª persona del singular en Presente de Indicativo.

> conocer   crecer   dar   ir   medir   parecer   pedir   seguir   ser

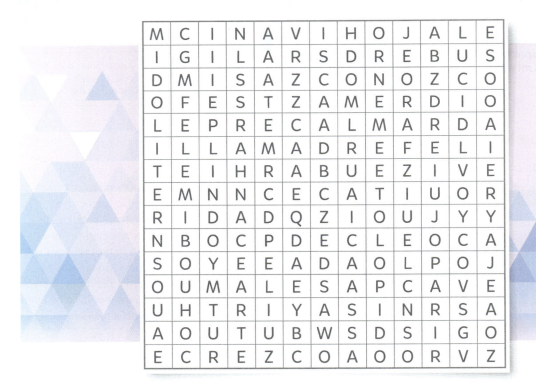

5 Contesta las preguntas utilizando los verbos destacados.

- a ¿**Te pareces** a alguien de tu familia? ¿A quién?
  _____
- b Cuando necesitas un consejo, ¿a quién se lo **pides**: a un familiar o a un(a) amigo(a)?
  _____

LENGUA EN USO

1. 🎧 Escucha la charla entre dos primas, Bea y Vero, y contesta oralmente las preguntas.

   a. ¿Dónde viven?
   b. ¿Cuál es la situación de pareja de las primas?
   c. ¿Cómo se llama la hija de Vero y a quién se parece?
   d. ¿Quién se va a casar en el verano?

▶ **Preguntar e informar los grados de parentesco**
¿Este es tu padre?
Sí, es mi padre. / No, es mi tío.

▶ **Preguntar e informar las situaciones de pareja**
¿Eres/Estás soltero(a)?
Sí, soy/estoy soltero(a). / No, soy/estoy casado(a).
¿Tienes novio(a)? / ¿Estás de novio(a)?
Sí, tengo novio(a) / estoy de novio(a). / No, estoy soltero(a).

2. Con un compañero, define los nombres y los grados de parentesco de las personas de la imagen. Luego juega al acertijo "¿Qué miembro de la familia soy?".

Elige mentalmente a uno de los miembros de la familia. Tu compañero no podrá preguntar de manera directa quién es, sino que deberá hacer preguntas como: ¿tiene hijos?, ¿tiene marido?, ¿tiene bisnietos? Gana quien descubra a la persona seleccionada con menos preguntas.

cincuenta y nueve 59

1 Observa las imágenes y lee el diálogo.

)))Género de los sustantivos

Sustantivo masculino que termina con	Forma el femenino	Ejemplos	Algunas excepciones
la vocal "-o"	sustituyéndola por la vocal "-a" en su terminación	el tí**o** – la tí**a**	
consonante	añadiendo una "-a"	el profeso**r** – la profeso**ra**	el emperado**r** – la empera**triz** el acto**r** – la ac**triz**
la vocal "-e"	con la misma terminación	el estudiant**e** – la estudiant**e**	el príncip**e** – la princ**esa** el alcald**e** – la alcald**esa** el héro**e** – la hero**ína**
"-ista"	con la misma terminación	el period**ista** – la period**ista**	

> **OJO**
> Hay algunos sustantivos que tienen formas propias diferentes en el masculino y en el femenino. Ejemplos: el padre – la madre; el yerno – la nuera; el hombre – la mujer.

2 Completa las frases con la forma femenina de los siguientes sustantivos.

abuelo   cuñado   hermano   poeta   primos   profesor

a Mi _____ viene a buscarme.
b ¿Aquellas son las _____ de Merche?
c Sueño con ser una _____ muy conocida...
d Es mi _____, la mujer de mi hermano.
e Mi madre es _____ de Inglés.
f ¡Mi _____ vendrá para mi cumple!

)))Número de los sustantivos

Sustantivos en singular terminados en	Forman el plural	Ejemplos
vocal	añadiendo "-s"	la hij**a** – las hij**as**; el tí**o** – los tí**os**
consonante	añadiendo "-es"	el autobú**s** – los autobus**es**
"-z"	sustituyendo la "-z" por "-ces"	la emperatri**z** – las emperatri**ces**
"-i"/"-u" tónicas	añadiendo "-s" o "-es"	el rub**í** – los rub**ís**/rub**íes** el bamb**ú** – los bamb**ús**/bamb**úes**

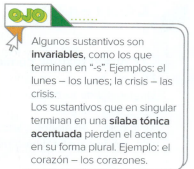

Algunos sustantivos son **invariables**, como los que terminan en "-s". Ejemplos: el lunes – los lunes; la crisis – las crisis.
Los sustantivos que en singular terminan en una **sílaba tónica acentuada** pierden el acento en su forma plural. Ejemplo: el corazón – los corazones.

3 Busca en el glosario del libro o en un diccionario cinco sustantivos para completar el cuadro y apunta su forma en singular y en plural.

Forma el plural				
añadiendo "-s"	añadiendo "-es"	sustituyendo la "-z" por "-ces"	añadiendo "-s" o "-es"	sin cambios

)))Posesivos átonos y tónicos

Pronombres	Posesivos átonos		Posesivos tónicos	
	singular	plural	singular	plural
Yo	mi	mis	mío(a)	míos(as)
Tú/Vos	tu	tus	tuyo(a)	tuyos(as)
Él/Ella/Usted	su	sus	suyo(a)	suyos(as)
Nosotros(as)	nuestro(a)	nuestros(as)	nuestro(a)	nuestros(as)
Vosotros(as)	vuestro(a)	vuestros(as)	vuestro(a)	vuestros(as)
Ellos(as)/Ustedes	su	sus	suyo(a)	suyos(as)
Posición del posesivo	Los posesivos átonos se colocan antes del sustantivo. Ejemplo: No sé dónde puse **mis** fotos.		Los posesivos tónicos se colocan: – después del sustantivo: Un primo **mío** vendrá en las vacaciones. – sin el sustantivo: Esta mochila es **mía**. – después del artículo para hacer una contraposición: ¿Esta mochila es la **mía**? ¿No era la **tuya**?	

4 Relaciona las columnas para formar las frases con los posesivos tónicos.

a Estos libros son los...

b Estas gafas son las...

c Señor Juárez, su hijo ya recogió las invitaciones, puede pedirle a él la...

d Este coche que está en la puerta, ¿es el tuyo o...

e Pepe, cuidado con estos libros que no son [nosotros]...

☐ tuyas.
☐ el nuestro?
☐ nuestros.
☐ míos.
☐ suya.

5 Completa las frases con los posesivos átonos que correspondan.

a ¿Esta chica de la foto es _____ amiga Lorena? [tú]

b Mamá, ¿dónde están _____ chancletas? [yo]

c _____ familiares ya llegaron. [ustedes]

d Julio se parece a _____ padre. [él]

sesenta y uno 61

CONTEXTOS

> **Género textual: cómic**
> El cómic, también conocido como tebeo, historieta o tira cómica, es una secuencia de recuadros o viñetas donde se cuenta una historia, y el dibujo es el principal recurso para hacer la narración. Su función es entretener y/o criticar y puede dirigirse a distintas franjas etarias. Cuando hay texto escrito, se lo coloca en globos o bocadillos que representan un diálogo o pensamientos. El humor y la ironía son muy frecuentes. Los cómics son difundidos en periódicos, revistas, blogs y redes sociales.

))) Prelectura

1 En parejas o grupos, respondan oralmente a las preguntas.

   a ¿Suelen leer cómics? ¿Dónde los leen: en periódicos, revistas, libros o en internet?

   b ¿Cuáles son sus personajes y/o autores favoritos?

2 Relaciona los globos con lo que expresan.

- [ ] Expresa frases simultáneas.
- [ ] Expresa lo que dicen los personajes.
- [ ] Expresa lo que piensan los personajes.

> **OJO**
> El creador de Gaturro es Nik, un historietista y humorista gráfico argentino. Conoce más sobre los personajes y sus cómics en "Mundo Gaturro", disponible en: <www.gaturro.com.ar> (acceso el: 20 oct. 2020).

))) Lectura

3 Lee el cómic de Gaturro y contesta oralmente las preguntas a continuación.

   a ¿Cuál es el tema central del cómic?

   b ¿Qué miembros de la familia aparecen en el cómic?

   c ¿En tu familia suelen ver la tele y/o utilizar el móvil a la hora de las comidas?

   d ¿Qué se les critica en el cómic a las familias del siglo XXI?

))) Poslectura

4 Sobre el cómic, marca V (verdadero) o F (falso).

a ☐ El objetivo del autor con la tira es entretener a sus lectores.

b ☐ La tira se destina exclusivamente a niños y adolescentes.

c ☐ En el hogar de Gaturro no hay restricciones en cuanto al uso de la tecnología.

5 ¿Qué expresan los globos del cómic de acuerdo con su formato?
_____

6 El autor utiliza algunas onomatopeyas, que son palabras que representan sonidos. Escríbelas y explica qué representan en el texto.
_____
_____

7 ¿Cómo están representados el humor y la ironía en la tira?
_____
_____

En la sociedad del siglo XXI las personas son cada vez más adictas a los recursos tecnológicos. Eso se refleja en las relaciones familiares, en el tiempo dedicado al ocio personal y a los demás, en el modo de organización de los estudios y del trabajo. En todo el mundo, inclusive en Brasil y en los países hispánicos, hay campañas que incentivan el uso racional de la tecnología y el aumento de la convivencia fuera de línea. Para saber más, escucha la grabación.

))) Plan del texto 🌐

☐ Planifica la creación de un cómic sobre el uso de la tecnología en el ámbito familiar. Si es necesario, consulta cómics y páginas en internet que orienten sobre cómo producirlo.

☐ Ten en cuenta que la historieta debe transmitir un mensaje crítico sobre ese tema.

☐ Puede o no haber humor o ironía.

))) Producción y divulgación 🌐

☐ Produce tu tira cómica en una hoja o utilizando las herramientas de algún programa informático para dibujo.

☐ Ten cuidado al elegir los tipos de globo y el lenguaje de los diálogos.

☐ Publica tu cómic en una página y compártela en la Plataforma Ventana (<www.ventanaalespanol.com.br>) con la etiqueta "cómic".

sesenta y tres 63

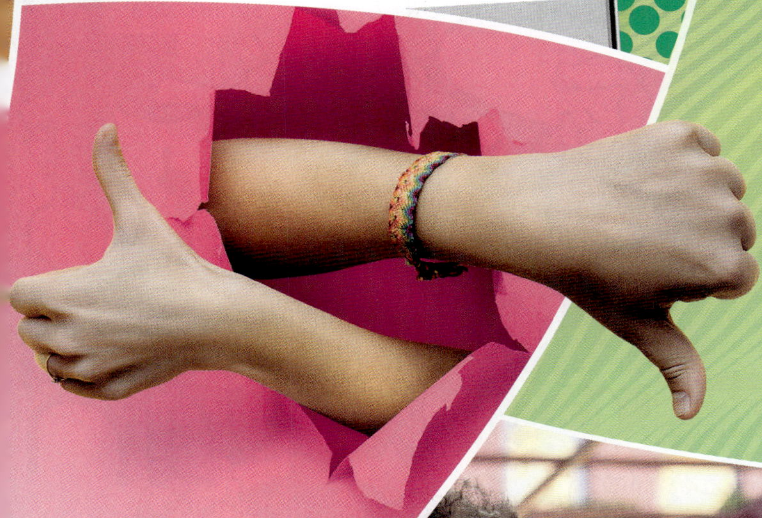

Serás capaz de...

▸ nombrar partes del cuerpo humano;
▸ hablar sobre el aspecto físico y la personalidad de alguien.

¿QUÉ SABES?

▸ ¿Qué partes del cuerpo utilizas para comunicarte verbalmente, o sea, con palabras?
▸ Y para comunicarte con gestos, ¿qué partes del cuerpo utilizas?
▸ ¿Cómo te expresas mejor: con palabras o con gestos?

¡A EMPEZAR!

1 Señala las partes del cuerpo más expresivas en las imágenes.

a ☐ Boca.   e ☐ Hombros.
b ☐ Brazos.   f ☐ Manos.
c ☐ Piernas.   g ☐ Ojos.
d ☐ Frente.   h ☐ Cejas.

2 🎧 026 Vas a escuchar un decálogo de los peores errores en el lenguaje corporal. En la actividad anterior haz un círculo alrededor de las partes del cuerpo que se mencionan en la grabación.

sesenta y cinco 65

3 Lee el texto y fíjate en los verbos relacionados con el lenguaje corporal. Luego léelo de nuevo y subráyalos.

Basado en: <www.analisisnoverbal.com>. Acceso el: 9 ago. 2020.

4 Relaciona los verbos con las respectivas partes del cuerpo.

a Evitar.
b Encorvar.
c Cruzar.
d Bostezar.
e Mover.
f Mirar.
g Fruncir.

_____ Ojos.
_____ Espalda.
_____ Boca.
_____ Brazos.
_____ Frente.

5 ¿Cuáles de los errores del decálogo cometes al comunicarte?
_____
_____

6 ¿Qué impresión transmiten esas actitudes a la persona con quien se habla?

a ☐ Desinterés.   ☐ Interés.
b ☐ Preocupación.   ☐ Despreocupación.
c ☐ Enfado.   ☐ Calma.
d ☐ Antipatía.   ☐ Simpatía.
e ☐ Empatía.   ☐ Indiferencia.

7 ¿Cuál(es) de los ítems del decálogo se ve(n) en las imágenes de la apertura?
_____

8 En grupos, investiguen sobre el lenguaje corporal y discutan: ¿cómo podrían transmitir una imagen corporal contraria a cada actitud del decálogo? Apunten sus conclusiones.

UNIDAD 6

sesenta y siete 67

CAJÓN DE LETRAS Y SONIDOS

EL CUERPO HUMANO — el dedo, la mano, el codo, el brazo, la cabeza, el pecho, el cuello, la cintura, el hombro, la espalda, el glúteo, la rodilla, la pierna, el pie

EL ROSTRO — el pelo, la oreja, la frente, la ceja, la mejilla, el ojo, la barbilla, la nariz, la boca

1 Completa con las partes del cuerpo y del rostro.

a Una sonrisa mueve _____ y articula _____; por eso vemos los dientes.

b Antes de practicar deportes, estiro _____ y _____.

c Cuando me quedo mucho tiempo sentada, me duele _____.

d La bailarina de la imagen anterior estira _____ y _____.

2 Apunta las partes del cuerpo destacadas en la galería de imágenes.

3 027 Escucha la grabación y repite las palabras y el trabalenguas.

Galería de imágenes
http://mod.lk/3va1_u6v

> **La "j"**
> Fíjate en el sonido de la "j". Se asemeja al de la "r" al inicio de palabras en portugués.

ajustar   cejas   ejercicio   José   juego   mejillas   ojos   orejas

Juan juega jugando, Juanito jugando juega.
Con juegos juega Juan y juega con juegos Juanito.
Juntos juegan con juegos, Juan y Juanito.

68 sesenta y ocho

¡ACÉRCATE!

1 Observa la imagen y lee los mensajes.

Ahora te **cuento** lo que ha pasado en el *gym*.

Prefiero que me lo **cuentes** por la noche.

No **puedo** esperar

))) Presente de Indicativo

Verbos irregulares que cambian "o" por "ue" y "e" por "ie"

Pronombres	Encontrar	Entender	Sentir
Yo	enc**ue**ntro	ent**ie**ndo	s**ie**nto
Tú/Vos	enc**ue**ntras/encontrás	ent**ie**ndes/entendés	s**ie**ntes/sentís
Él/Ella/Usted	enc**ue**ntra	ent**ie**nde	s**ie**nte
Nosotros(as)	encontramos	entendemos	sentimos
Vosotros(as)	encontráis	entendéis	sentís
Ellos(as)/Ustedes	enc**ue**ntran	ent**ie**nden	s**ie**nten

2 Conjuga los verbos irregulares que forman diptongo en Presente de Indicativo para completar las frases.

  a _____ practicar deportes por la mañana. [preferir – yo]
  b Mi tía _____ las calorías de todo lo que come. [contar]
  c Mis padres _____ mucho frío en los pies. [sentir]
  d No _____ bien, me duele la cabeza. [encontrarse – yo]
  e ¿Por qué no _____ hacer este ejercicio para la espalda? [poder – tú]
  f Mis abuelos _____ la importancia de mantenerse activos. [entender]

3 Ahora conjuga los verbos de la actividad anterior en las personas indicadas.

  a Preferir – tú: _____.
  b Contar – yo: _____.
  c Sentir – ella: _____.
  d Encontrarse – nosotras: _____.
  e Poder – ustedes: _____.
  f Entender – vosotros: _____.

sesenta y nueve | 69

4 Conjuga los verbos para completar las frases.

—Podemos jugar al fútbol por la tarde. ¿Qué te parece?
—Lo _____, no _____.
[sentir / poder]

_____ mal. Me duele la espalda. [sentirse – yo]

Ella no _____ por qué le duelen las piernas y los pies. [entender]

No _____ mis llaves. ¿Dónde las dejé? [encontrar – yo]

5 Elige tres verbos del recuadro y escribe una frase con cada uno.

contar   encontrar   entender   poder   preferir   sentir

_____
_____
_____
_____

LENGUA EN USO

▷ **Preguntar sobre el aspecto físico y la personalidad de alguien**
¿Cómo es?

▷ **Describir el aspecto físico de alguien**
Es... alto(a), bajo(a), delgado(a), gordo(a), guapo(a), feo(a).
Tiene el pelo... rubio, moreno, castaño, pelirrojo, largo, corto, liso, rizado, con mechas.
Es canoso(a), calvo(a).
Tiene la nariz... larga, chata, aguileña, fina, respingona.
Tiene la piel... clara, oscura, morena, negra.
Tiene los labios... gruesos, finos.
Tiene los ojos... claros, pequeños, oscuros, grandes, achinados.
Lleva... barba, bigote, perilla, gafas, trenzas, coleta, moño.

▷ **Describir la personalidad de alguien**
Es... alegre, serio(a), tranquilo(a), nervioso(a), presumido(a), inteligente.
No es... ni simpático(a) ni antipático(a), ni extrovertido(a) ni introvertido(a).

1 🎧 Escucha la grabación y apunta el nombre de las personas en la imagen.

2 Elige una foto de tu familia y conversa con un compañero. Tú describirás a las personas que aparecen en ella y él deberá adivinarlas y decir qué parentesco tienen contigo. Luego intercambiarán los papeles.

Ejemplo:
Alumno A: Esta persona es alta, es calva, no es ni gorda ni delgada y tiene los ojos claros.
Alumno B: Es este que está a la derecha/izquierda/en el centro. ¡Es tu tío!
Alumno A: Sí, ¡muy bien! / No, es mi primo.

3 Estás esperando a un amigo en medio de mucha gente. Envíale un mensaje de voz describiendo a algunas personas que están cerca de ti para que te ubique.

1 Observa la imagen y lee el diálogo.

》》Conjunciones "y"/"e" y "o"/"u"

Conjunciones		Ejemplos
Para adicionar elementos	y	Lucía es baja **y** delgada.
Para adicionar elementos cuando la palabra siguiente comienza con "i" o con "hi"	e	Aquella señora es seria **e i**nsensible. Mi vecino es superdotado **e hi**peractivo.
Para indicar alternativas	o	¿Tus ojos son verdes **o** azules?
Para indicar alternativas cuando la palabra siguiente comienza con "o" o con "ho"	u	No recuerdo si el chico tiene ojos claros **u o**scuros. ¿Este baño es de mujeres **u ho**mbres?

2 Haz un círculo alrededor de la conjunción correcta.

a   Aquella niña es egoísta **y / e** insensible.

b   ¿Tu hermano va a cumplir siete **o / u** ocho años?

c   Carolina es simpática **y / e** extrovertida.

d   No sé si debo teñirme el pelo de rubio **o / u** de pelirrojo.

e   ¿El cabestrillo que necesitas es para codo **o / u** hombro?

f   Mi madre siempre me da besos en la frente **y / e** en las mejillas.

3 ¿Las conjunciones de la actividad anterior indican adición o alternativa? Apunta las respuestas.

a _____   c _____   e _____

b _____   d _____   f _____

4 Escribe frases con las conjunciones "y", "e", "o" y "u".

_____
_____
_____
_____

72   setenta y dos

))) Género de los adjetivos

Adjetivos masculinos terminados en	Para formar el femenino	Masculino	Femenino
"-o"	cambian "o" por "-a"	chico delgad**o**	chica delgad**a**
"-a"	no cambian	niño perfeccionist**a**	niña perfeccionist**a**
"-e"		padre alegr**e**	madre alegr**e**
"-i" tónica; "-u" tónica		alumno iran**í**	alumna iran**í**
		traje hind**ú**	comida hind**ú**
"-al"; "-el"; "-az"; "-iz"; "-oz"		hombre le**al**	mujer le**al**
consonante	añaden "-a"	tío comilo**n**	tía comilon**a**

))) Número de los adjetivos

Adjetivos en singular terminados en	Para formar el plural	Singular	Plural
vocal	añaden "-s"	primo simpátic**o**	primos simpátic**os**
		vecina seri**a**	vecinas seri**as**
"-i" tónica; "-u" tónica	añaden "-s" o "-es"	embajador israel**í**	embajadores israel**ís**/israel**íes**
		jefe hind**ú**	jefes hind**ús**/hind**úes**
consonante	añaden "-es"	perro fie**l**	perros fiel**es**
		blusa marró**n**	blusas marron**es**

> **ojo**
> Los adjetivos siempre concuerdan con el sustantivo en género y número. Ejemplos: la niña obediente/las niñas obedientes; el abuelo sano/los abuelos sanos.

5 Pasa las siguientes expresiones al género opuesto.

a El padre inteligente: _____.

b El hijo optimista: _____.

c La niña dormilona: _____.

d El tío cordial: _____.

6 Cambia el número de las expresiones.

a Los estudiantes ingleses: _____.

b La niña paquistaní: _____.

c El hombre hostil: _____.

d Las amigas educadas: _____.

7 Reescribe las frases cambiando el género y el número de las palabras.

a La chica israelí vive con un amigo irlandés.
_____

b Las mujeres rubias están cerca de los hombres gentiles.
_____

c Las niñas tímidas de blusas azules son alumnas del profesor pelirrojo alemán.
_____

CONTEXTOS

> **Género textual: leyenda de foto**
> La función de la leyenda de una foto es describir lo que se ve en ella, además de aportar informaciones complementarias, como dónde se la tomó, quiénes aparecen en ella, qué pasa en el momento representado, entre otros datos que ayudan a entender su contexto. La foto es un texto visual y, tal como un texto escrito, debe ser leída.

»»»Prelectura

1 Conversa con un compañero y responde oralmente a las preguntas.

   a ¿Sueles tomar fotos? ¿Qué te gusta más: salir en las fotos o tomarlas?

   b ¿Qué aparato utilizas para tomar fotos: cámara fotográfica, celular o tableta?

2 Señala lo que, para ti, es lo más importante en una foto.

   a ☐ El lugar.   **c** ☐ La luz.   **e** ☐ Otro: _____

   b ☐ Las personas.   **d** ☐ Los efectos o filtros.

»»»Lectura

3 Lee las imágenes y contesta: ¿qué es lo que más se destaca en cada una de ellas?

74   setenta y cuatro

))) Poslectura

4 Relaciona las fotos con sus leyendas.

- [ ] Día soleado en una playa del archipiélago de Fernando de Noronha, en Pernambuco.
- [ ] Una joven entrega un regalo a su madre.
- [ ] ¡Hidrátate en este verano! ¡Bebe Agua Buena!
- [ ] Largo São Bento, São Paulo.
- [ ] Manifestación por el clima.

5 ¿Qué tipos de fotos se ven en la actividad 3? Relaciona la foto que corresponda a cada tipo.

- [ ] Retrato: foto de una o más personas.
- [ ] Foto publicitaria: se destina a anunciar un producto o servicio.
- [ ] Fotoperiodismo: ilustra eventos relevantes en un medio de comunicación.
- [ ] Foto documental: sirve como documento histórico.
- [ ] Paisaje: retrata un ambiente exterior, natural o urbano, sin personas.

6 Crea oralmente otra leyenda para las fotos **b**, **d** y **e**. Luego describe a las personas que aparecen en ellas.

POR EL MUNDO 029

En la fotografía **d** de la actividad 3, en la página anterior, un chico participa de una manifestación en defensa del clima. En septiembre de 2019 muchos jóvenes de todo el mundo se reunieron en el movimiento "Juventud por el clima", animados por una activista ambiental sueca que tenía entonces 16 años: Greta Thunberg. Para saber más, escucha la grabación.

))) Plan del texto

- Vas a tomar una foto en la que aparezcan una o más personas. Pídele(s) autorización para publicarla.
- Toma la foto y asegúrate de que se vean bien los rasgos físicos de la(s) persona(s) y que su actitud refleje algo sobre su personalidad. Cuida de que la foto presente con respeto a la(s) persona(s) retratada(s).
- Toma la foto digitalmente. Puedes tomar tantas fotos cuantas sean necesarias hasta conseguir la ideal.

))) Producción y divulgación

- Escribe una leyenda para la foto que describa física y psicológicamente a la(s) persona(s) y que dé informaciones sobre el ambiente. Si es necesario, consulta un diccionario.
- Investiga en internet los diferentes filtros disponibles y aplica uno de ellos a la foto. ¿Qué efecto ha producido el filtro que aplicaste en la foto? ¿La volvió más antigua o más moderna?
- Publica la foto original que tomaste, la versión con el filtro y su leyenda en una página web. Luego compártelas en la Plataforma Ventana (<www.ventanaalespanol.com.br>) con la etiqueta "leyenda de foto".

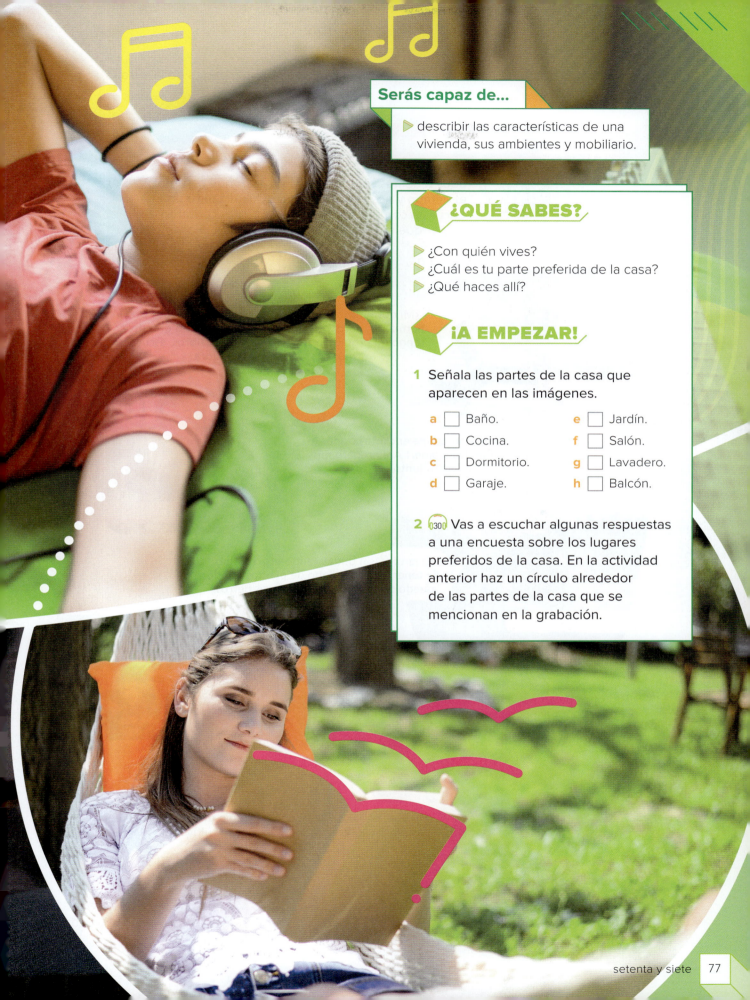

Serás capaz de...

▶ describir las características de una vivienda, sus ambientes y mobiliario.

¿QUÉ SABES?

▶ ¿Con quién vives?
▶ ¿Cuál es tu parte preferida de la casa?
▶ ¿Qué haces allí?

¡A EMPEZAR!

1. Señala las partes de la casa que aparecen en las imágenes.

   a ☐ Baño.   e ☐ Jardín.
   b ☐ Cocina.   f ☐ Salón.
   c ☐ Dormitorio.   g ☐ Lavadero.
   d ☐ Garaje.   h ☐ Balcón.

2. 🎧 Vas a escuchar algunas respuestas a una encuesta sobre los lugares preferidos de la casa. En la actividad anterior haz un círculo alrededor de las partes de la casa que se mencionan en la grabación.

setenta y siete 77

3 Lee el texto y fíjate en lo que hacen las personas en las diferentes partes de la casa.

¿Cuál es tu lugar preferido de la casa?

Todos tenemos una parte de la casa donde pasamos el tiempo y nos sentimos a gusto. Realizamos una encuesta con nuestros lectores, que nos contaron por qué ese lugar es tan especial para ellos.

¡Mi dormitorio es mi espacio, mi mundo! Somos tres hermanos, pero, por suerte, vivo en una casa grande y tengo mi propio dormitorio, donde leo libros, escucho música y uso la computadora.

Miguel – Bolivia

La cocina, porque me encanta cocinar y, por supuesto, ¡comer! Ahí preparo mis platos favoritos junto con mamá.

Sara – Uruguay

El jardín, ¡sin duda! Tengo el privilegio de tener un jardín lleno de plantas donde puedo relajarme y jugar con mis perros.

Leonardo – Colombia

Vivo en un piso (o departamento, como se dice en otros países hispanos) y mi lugar preferido es el salón, porque puedo ver series, recibir a la familia y a los amigos.

Diego – España

Para mí, el balcón. Vivo en un estudio muy pequeño, y el balcón es el único lugar donde puedo cultivar mis plantas y respirar aire fresco.

Laura – Ecuador

Basado en: <www.houzz.es/discussions/2945111/lifestyle-cu-l-es-tu-habitaci-n-preferida-de-la-casa>. Acceso el: 2 oct. 2020.

4 Ahora apunta las acciones de las personas en cada parte de la casa.

   a Dormitorio: _____
   b Cocina: _____
   c Jardín: _____
   d Salón: _____
   e Balcón: _____

5 ¿Coincides con alguna de las personas del texto? En caso afirmativo, ¿con quién? En caso negativo, comenta cuál es tu parte favorita de la casa.

_____

6 ¿Cuál es la relación entre el título del texto y el de la unidad?

_____

7 Marca V (verdadero) o F (falso) de acuerdo con el texto.

   a ☐ A Sara le gusta estar en la cocina con su madre.
   b ☐ Miguel comparte el dormitorio con sus hermanos.
   c ☐ Laura vive en un lugar con bastante espacio.
   d ☐ Para Leonardo, es una suerte tener un jardín.

8 Ahora utiliza fragmentos del texto para corregir las afirmaciones falsas.

_____
_____
_____

9 ¿Dónde viven estas personas? Relaciona.

   a Diego   ☐ casa.
   b Laura   vive en un(a)...   ☐ piso.
   c Miguel   ☐ estudio.

10 Según el texto, ¿qué otro nombre se puede dar a un piso?

_____

11 Si Leonardo tiene su propio jardín, se supone que vive en un(a) _____.

12 Investiga: ¿cómo son las viviendas tipo estudio? ¿Cuántas personas suelen vivir en ellas? ¿Son más comunes en el campo o en la ciudad? ¿Por qué?

UNIDAD 7

setenta y nueve

CAJÓN DE LETRAS Y SONIDOS

Tipos de vivienda

el ático
la casa
la casa de fin de semana
el dúplex
el estudio

Muebles y objetos de la casa

el armario
la bañera
la cama
la ducha
el espejo
la estantería
el fregadero
el inodoro
el lavabo
la mesa

la mesita de noche
la puerta
la silla
el sillón
el sofá
la ventana

Partes de la casa

el aseo
el balcón
el baño
la cocina
el comedor
el despacho
el dormitorio
el garaje
el jardín

el lavadero
el pasillo
el patio
el salón
la terraza

Útiles de la casa y electrodomésticos

la cocina a gas
la computadora
los cubiertos
el horno
la lámpara
la lavadora/el lavarropas
el lavavajillas
el microondas
la nevera/la heladera

las ollas/las cacerolas
los platos
la televisión
los vasos

1 Escucha el anuncio de una inmobiliaria y apunta los tipos de vivienda que se mencionan.

_____

2 Apunta las partes de la casa y los muebles, objetos, útiles y electrodomésticos destacados en la galería de imágenes.

a _____
b _____
c _____
d _____

Galería de imágenes
http://mod.lk/3va1_u7g

3 Escucha la grabación y repite las palabras y la frase.

La "b" y la "v"

En español, la "b" y la "v" tienen el mismo sonido; se pronuncian como la "b" del portugués. Fíjate:

baño   cubiertos   lavabo
muebles   nevera   vaso   vivienda

Beatriz **v**i**v**e en una **b**onita **v**i**v**ienda en un **b**arrio de **V**alparaíso.

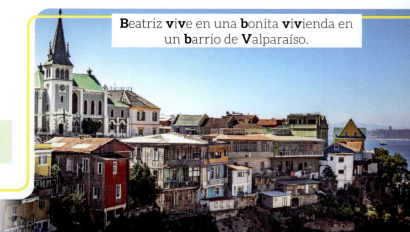

80 ochenta

¡ACÉRCATE!

1 Observa la imagen y lee lo que dice la agente inmobiliaria.

> Esta casa **está** en una calle tranquila y segura. **Tiene** dos dormitorios, salón amplio y comedor. Los dormitorios y la cocina **tienen** armarios empotrados. Al fondo, **hay** un patio y un lavadero.

Presente de Indicativo

Verbos "haber", "estar" y "tener"

Haber	Indica	Va acompañado por	Ejemplos
hay	existencia y presencia de cosas o personas indeterminadas	artículos indefinidos: un(a)/unos(as)	**Hay una** piscina para uso exclusivo de los residentes en este edificio.
		adverbios de cantidad: mucho(s)/mucha(s); poco(s)/poca(s)	**Hay muchos** edificios y **pocas** casas en el centro de la ciudad.
		numerales	En mi edificio **hay un** ático y **veinte** pisos.

El verbo "haber" es invariable ("**hay un** edificio"; "**hay dos** edificios") y se puede reemplazar por el verbo "existir". Ejemplos: "**Hay** una piscina" → "**Existe** una piscina"; "**Hay** muchos edificios" → "**Existen** muchos edificios".

2 Recuerda la conjugación de los verbos "estar" y "tener" y completa la tabla.

Pronombres	Estar	Tener
Yo		tengo
Tú/Vos	estás	tienes/tenés
Él/Ella/Usted		
Nosotros(as)		tenemos
Vosotros(as)	estáis	tenéis
Ellos(as)/Ustedes	están	

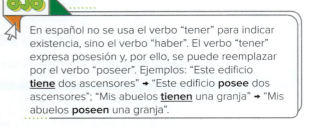

En español no se usa el verbo "tener" para indicar existencia, sino el verbo "haber". El verbo "tener" expresa posesión y, por ello, se puede reemplazar por el verbo "poseer". Ejemplos: "Este edificio **tiene** dos ascensores" → "Este edificio **posee** dos ascensores"; "Mis abuelos **tienen** una granja" → "Mis abuelos **poseen** una granja".

	Indica	Ejemplos
algo/alguien + verbo **"estar"**	la localización o presencia de cosas o personas determinadas	Mi casa **está** cerca de la escuela. Mis padres **están** en el salón viendo una película.
algo/alguien + verbo **"tener"** + complemento directo	posesión, pertenencia	Este edificio **tiene** dos ascensores. Mis abuelos **tienen** una granja.

ochenta y uno

3 Observa atentamente el plano en 3D de una vivienda. Luego completa la descripción con los verbos "haber", "estar" y "tener" en Presente de Indicativo.

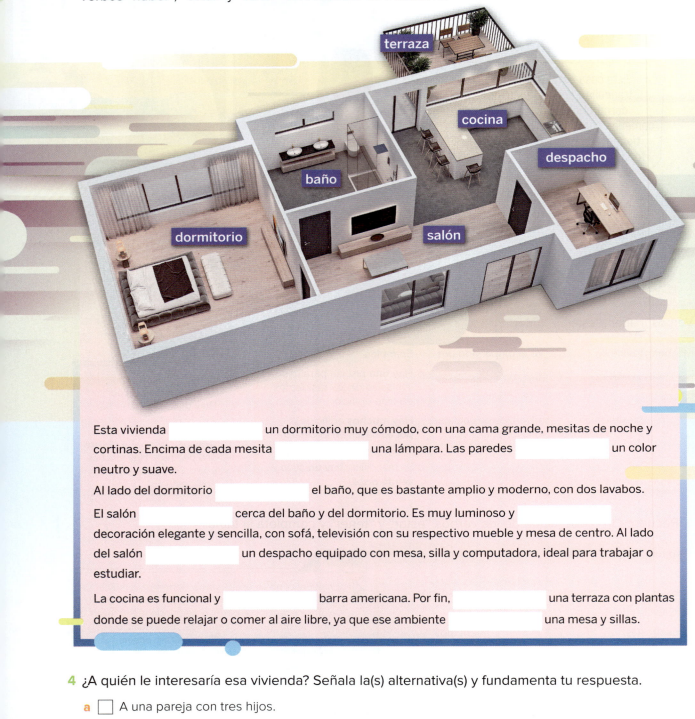

Esta vivienda _____ un dormitorio muy cómodo, con una cama grande, mesitas de noche y cortinas. Encima de cada mesita _____ una lámpara. Las paredes _____ un color neutro y suave.

Al lado del dormitorio _____ el baño, que es bastante amplio y moderno, con dos lavabos.

El salón _____ cerca del baño y del dormitorio. Es muy luminoso y _____ decoración elegante y sencilla, con sofá, televisión con su respectivo mueble y mesa de centro. Al lado del salón _____ un despacho equipado con mesa, silla y computadora, ideal para trabajar o estudiar.

La cocina es funcional y _____ barra americana. Por fin, _____ una terraza con plantas donde se puede relajar o comer al aire libre, ya que ese ambiente _____ una mesa y sillas.

4 ¿A quién le interesaría esa vivienda? Señala la(s) alternativa(s) y fundamenta tu respuesta.

a ☐ A una pareja con tres hijos.
b ☐ A un estudiante universitario que quiere vivir solo.
c ☐ A una pareja de recién casados.
d ☐ A un emprendedor que quiere montar un hostal.

_____
_____
_____

82 ochenta y dos

LENGUA EN USO

▶ **Describir las características de una vivienda**
Es un(a)... casa, piso, estudio, dúplex, ático, casa de fin de semana.
Es... grande, pequeño(a), moderno(a), antiguo(a), bonito(a), feo(a), luminoso(a), oscuro(a), lujoso(a), sencillo(a).
Está en un barrio/una calle... tranquilo(a), ruidoso(a), seguro(a).
Tiene... un/dos/tres dormitorio(s), un(a) salón, cocina, comedor, baño, lavadero, despacho, pasillo, aseo, balcón, terraza, patio, jardín, garaje.
Tiene... un/dos/tres piso(s), escaleras, ascensor, piscina.

▶ **Describir las partes de una casa y su mobiliario**
El/La dormitorio/salón/comedor/baño/cocina/terraza es... amplio(a), pequeño(a), antiguo(a), moderno(a), funcional, cómodo(a), luminoso(a), ventilado(a).
Tiene... aire acondicionado, ventilador, calefacción, armario (empotrado), barra americana, espejo, ducha, bañera, sofá, cama, mesa, silla, microondas, lavadora.
Tiene decoración... elegante, sencilla, clásica, moderna.
El/La balcón/jardín/patio/terraza tiene... plantas, árboles frutales, una piscina, vista a la ciudad/montaña/al río/mar.

1 🎧033 Una mujer llama a una inmobiliaria para saber más sobre una de las viviendas anunciadas. Escucha la grabación y señala las opciones correctas.

a Es un(a):
☐ casa.   ☐ departamento.   ☐ dúplex.

b Los dormitorios son:
☐ dos.   ☐ tres.   ☐ cuatro.

c Todos los dormitorios tienen:
☐ aire acondicionado.   ☐ armarios empotrados.   ☐ baño con bañera.

d El salón es:
☐ luminoso.   ☐ moderno.   ☐ pequeño.

e La terraza tiene:
☐ plantas.   ☐ piscina.   ☐ mesa y sillas.

2 Imagina la vivienda de tus sueños: qué tipo de vivienda es, cómo son las partes de la casa y su mobiliario. Luego dibújala. En clase, enséñasela a un compañero y descríbesela con detalle.

ochenta y tres

¡ACÉRCATE!

1 Observa la imagen y lee lo que la mujer le dice a su marido.

> Este piso **es** bonito, luminoso y acogedor. **Está** en un barrio tranquilo, cerca de una farmacia y un supermercado. ¡Me encanta, **es** justo lo que buscamos!

Usos de los verbos "ser" y "estar"

Verbos	Usos	Ejemplos
ser	para definir	Esta **es** mi casa y aquellos **son** mis padres.
ser	para hablar de características permanentes	El patio **es** grande, con mucho espacio para correr y jugar.
estar	para hablar de la localización en el espacio	El lavadero **está** al lado de la cocina.
estar	para hablar de características transitorias	Los baños **están** en reforma.

OJO

En español, para hablar de la localización de una persona o una cosa, se usa el verbo "estar" y no el verbo "ser". Ejemplos: Los dormitorios **están** arriba, en el segundo piso. El baño **está** al final del pasillo.

2 Lee el anuncio de una vivienda turística y haz un círculo alrededor de las opciones correctas.

Bonita casa en el campo, ideal para familias. **Es / Está** en una zona privilegiada, rodeada de naturaleza y a solo 30 minutos del aeropuerto. La casa **es / está** moderna, grande y nueva, y **es / está** totalmente equipada para que disfrutes de unas felices vacaciones. Los cuatro dormitorios **es / son** cómodos y tienen calefacción. La terraza **es / está** amplia, con magnífica vista a las montañas. La limpieza, las toallas y la ropa de cama **está / están** incluidas en el valor diario de hospedaje.

Verificar disponibilidad y precios

84 ochenta y cuatro

))) Adverbios de lugar

Adverbios	Significados	Ejemplos
aquí/acá	este lugar	Vivo **aquí/acá** con mis padres.
ahí	ese lugar	Quédate **ahí** y no te muevas que te voy a tomar una foto.
allí/allá	aquel lugar	**Allí/Allá**, en el campo, hay mucha tranquilidad.
cerca	un lugar próximo	Mi casa está bastante **cerca**, vamos a pie.
lejos	un lugar distante	Mis tíos viven muy **lejos**, en una granja.
adelante	hacia adelante, más allá	Si vamos un poco más **adelante**, llegaremos al parque.
adelante	la parte delantera de un lugar	No me gusta nada sentarme **adelante** en el cine, pero en el aula, sí.
delante	parte anterior a otra	Mi casa tiene un bonito jardín **delante**.
detrás/atrás	parte posterior a otra	**Detrás/Atrás** de la casa hay un patio con árboles frutales.
arriba	parte superior en altura a otra	Nos mudamos al departamento de **arriba**.
abajo	parte inferior a otra en altura	Mi padre está **abajo**, en el garaje del edificio.
adentro	interior de un lugar	Vamos para **adentro** porque va a llover.
afuera	exterior de un lugar	Vamos **afuera** a tomar el aire.

Para situar algo/alguien en el espacio también se utilizan algunas preposiciones, como "a", "en" y "entre". Ejemplos: El microondas está **a** la derecha de la nevera. Estoy **en** la cocina. La mesita de noche está **entre** el armario y la cama.

3 Observa la imagen y completa las frases con los adverbios de lugar que correspondan.

a Ana está _____, en el salón.

b Raquel está _____, tomando el sol en el jardín.

c Lara también está en el jardín, pero _____ de Raquel.

d Paula está _____, limpiando el dormitorio.

e El gato está _____ de la televisión.

f El fregadero está _____ de la ventana.

CONTEXTOS

> **Género textual: chat**
> El chat es una conversación escrita en tiempo real entre dos o más personas por medio de una plataforma en internet. Los mensajes escritos se publican instantáneamente en la pantalla, lo que permite una interacción fluida entre los participantes, que pueden conectarse desde cualquier lugar.

)))Prelectura

1. Conversa con tus compañeros y responde oralmente a las preguntas: ¿has participado alguna vez en un chat? En caso afirmativo, ¿con quién?

2. Señala los ítems necesarios para participar en un chat. Luego compara tus respuestas con las de tus compañeros.

   a ☐ Aparato electrónico con teclado (computadora, tableta, teléfono inteligente).
   b ☐ Conexión a internet.
   c ☐ Registro en una plataforma de chat.
   d ☐ Disponibilidad para participar en tiempo real.

)))Lectura

3. Lee el intercambio de mensajes en un chat e identifica sobre qué tema conversan los participantes.

Prof. José entró a la sala
Sofía entró a la sala

Sofía
¡Buenos días, profe!

Pedro entró a la sala
Julia entró a la sala

Pedro
¡Hola!

Julia
¡Buenas!

Prof. José
¡Buenos días a todos! Este bimestre, como lo saben, el tema de nuestro trabajo es: "Diferentes tipos de vivienda alrededor del mundo".

Pedro
¡Sí!

Prof. José
Quiero que cada uno me cuente qué tipo de vivienda está investigando y lo que ya sabe de ella. Sofía, por favor.

Sofía
Bueno, estoy investigando las viviendas *mudhif*, típicas de Irak. Tienen forma de túnel y se construyen con paja, lodo y ramas de bambú.

Prof. José
¡Muy interesante, Sofía! Sigue Julia, por favor.

Julia
Estoy investigando las viviendas *dacha*, de Rusia. Son casas de campo de madera para descansar en verano, cultivar flores y verduras.

Prof. José
¡Excelente, Julia! Ahora es tu turno, Pedro.

Pedro
Estoy investigando las viviendas *tipi*, de los indígenas de Canadá y Estados Unidos. Son tiendas con forma de cono cubiertas por pieles de animales.

Prof. José
¡Muy bien, Pedro! ¡Felicitaciones a todos! Para el próximo encuentro, quiero que investiguen la historia de esas viviendas. ¿De acuerdo?

Julia
Sí, de acuerdo.

Pedro
¡Hasta luego, profe!

Sofía
¡Chau!

Prof. José
¡Hasta la próxima, chicos!

Julia salió de la sala
Pedro salió de la sala
Sofía salió de la sala
Prof. José salió de la sala

86 ochenta y seis

))) Poslectura

4 Identifica las viviendas de acuerdo con las descripciones del chat.

POR EL MUNDO

Mudhif, *dacha* y *tipi* son algunos de los diferentes tipos de vivienda que podemos encontrar alrededor del mundo. Para saber más, escucha la grabación.

5 Lee las definiciones y señala la que corresponde al tipo de chat que has leído.

- **a** ☐ Chat social: conversación escrita entre amigos para tratar de temas de interés personal.
- **b** ☐ Chat comercial: recurso por medio del cual una empresa puede dar información sobre sus productos/servicios a un cliente.
- **c** ☐ Chat educativo: intercambio de mensajes entre profesor y alumno(s) para la realización de actividades, tutoría de trabajos escolares, resolución de dudas, etc.

6 Ordena las etapas de un chat.

- **a** ☐ Despedirse.
- **b** ☐ Entrar a la sala.
- **c** ☐ Entablar la conversación.
- **d** ☐ Salir de la sala.
- **e** ☐ Saludarse.

¡AHORA TÚ!

))) Plan del texto 🌐

- ❐ Con tus compañeros, piensa en otros tipos de vivienda alrededor del mundo. El profesor apuntará las respuestas en la pizarra.
- ❐ Elige una vivienda e infórmasela al profesor, que va a formar pequeños grupos para un chat.
- ❐ Escucha atentamente todas las instrucciones del profesor sobre el chat.
- ❐ En casa, investiga sobre la vivienda elegida.

))) Producción y divulgación 🌐

- ❐ En el día, horario y plataforma de chat definidos por el profesor, presenta brevemente los resultados de tu investigación.
- ❐ El profesor hará el registro del chat y lo publicará en la Plataforma Ventana (<www.ventanaalespanol.com.br>) con la etiqueta "chat".

REPASO

1 🎧 Escucha la grabación y completa los mensajes con los miembros de la familia.

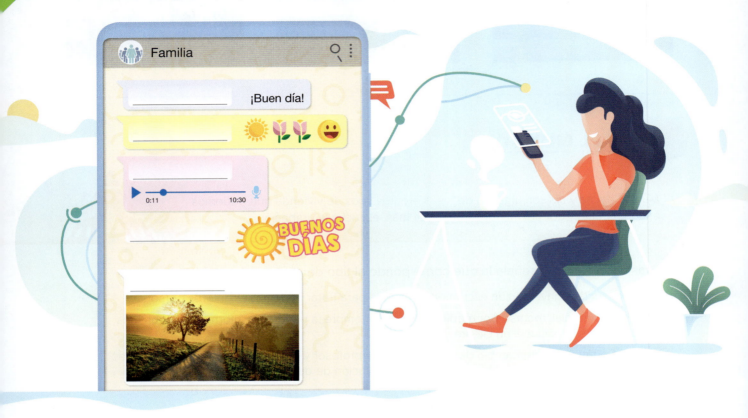

2 Conjuga los verbos a continuación en Presente de Indicativo y completa las frases.

a   Ernesto es mi bisabuelo y _____ por los codos. [hablar]

b   Mis padres no _____ interactuar por internet cuando viajan por trabajo; _____ comunicarse por teléfono. [soler / preferir]

c   Los sobrinos de Teresa _____ al fútbol, pero aún no _____ algunas reglas. [jugar / entender]

d   Siempre que _____ algo, le _____ ayuda a mi abuelo. [perder / pedir]

e   La nuera de Lorenzo no se _____ bien. _____ mareos y escalofríos. [encontrar / sentir]

3 Vuelve a la actividad anterior y haz un círculo alrededor de los miembros de la familia.

4 Elige cuatro familiares tuyos e indica cuáles son sus situaciones de pareja.
Ejemplo: Mi tía Pilar es/está casada con mi tío Alfredo.

_____

_____

5 🎧 Escucha la grabación y apunta los siguientes datos.

   a Características físicas de Raúl: _____

   b Características psicológicas de Cristina: _____

6 Conjuga los verbos para contestar las preguntas.

   a ¿Te pareces a alguien conocido? Descríbete y describe a esta persona físicamente.

      _____ a _____. Somos _____. [parecer]

   b ¿A quién conoces muy bien? Describe a esa persona psicológicamente.

      _____ muy bien a _____. Es _____. [conocer]

7 Subraya los posesivos que completan correctamente las frases.

   a ¿Aquellos son **mis / tuyos / tus** tíos? [2.ª persona del singular]

   b **Mi / Tu / Su** mejor amiga es alta y gordita. ¿Cómo es la **suya / tuya / tu**? [1.ª persona del singular / 2.ª persona del singular]

   c **Vuestros / Nuestros / Suyos** vecinos son amables y tranquilos. ¿Cómo son los **nuestros / vuestros / suyos**? [1.ª persona del plural / 2.ª persona del plural]

   d ¿Cómo son **suyos / sus / tus** abuelos? Los **suyos / míos / tuyos** son cariñosos. [3.ª persona del singular / 1.ª persona del singular]

8 Completa los memes con los posesivos átonos o tónicos, según corresponda.

9 Apunta el género opuesto y los plurales de los adjetivos.

Femenino		Masculino	
Singular	Plural	Singular	Plural
animada	animadas		
		feliz	felices
dormilona	dormilonas		
fiel		fiel	
	israelís/israelíes		

10 Reescribe las frases sustituyendo los sustantivos y los adjetivos por sus formas en femenino.

a El abuelo está nervioso.
_____

b El yerno de Martina es inglés.
_____

c Nuestro hermano es gentil.
_____

d Tu tío es muy perfeccionista.
_____

11 Ahora reescribe las frases de la actividad anterior en masculino plural.

a _____
b _____
c _____
d _____

12 Relaciona las partes de las preguntas y complétalas con las conjunciones correspondientes.

a Adición: ¿Sus ojos — _____ oscuro?

b Alternativa: ¿Ana está con el pelo claro — _____ inteligentes?

c Adición: ¿Los niños son dedicados — _____ su pelo son castaños?

d Alternativa: ¿Te duelen las piernas — _____ los pies?

13 Indica las partes del cuerpo correspondientes.

a Son veinte y en sus extremidades están las uñas: _____.
b En su mitad tenemos la rodilla y en la extremidad, el pie: _____.
c Están entre los ojos y la frente: _____.
d Están en las laterales del rostro y nos permiten escuchar: _____.
e Une la cabeza al tronco: _____.

14 Escribe frases con las partes del cuerpo representadas. Conjuga los verbos en las personas indicadas.

a mamá + mover

b mi tío + tener

c yo + cerrar

d tus hermanos + jugar

e mis primas + medir

15 Apunta los nombres de estos tipos de vivienda existentes en diferentes lugares del mundo.

dachas   mudhif   tipi

a Se utilizan paja, lodo y bambú en la construcción de esas casas. Se originaron en los pantanos del sur de Irak y en 2016 esa región fue declarada por la Unesco "Patrimonio Mixto de la Humanidad": _____.

b Se parecen a "casas de campo" en las cuales las familias rusas se reúnen durante la época de sol: _____.

c Es una tienda cónica transportable, construida con pieles de animales y sujeta con palos de madera que utilizan los pueblos indígenas de Norteamérica: _____.

noventa y uno 91

16 Relaciona los tipos de foto con las imágenes y escríbeles leyendas para indicar el tipo de vivienda.

　　a Foto documental.　　**b** Foto publicitaria.　　**c** Paisaje.　　**d** Retrato.

_____

_____

17 🎧 Escucha los relatos, escribe las partes de la casa correspondientes e indica cómo son.

　　a _____
　　b _____
　　c _____
　　d _____

18 🎧 Escucha nuevamente la grabación e indica los muebles y objetos de la casa.

_____

19 Completa las frases con los verbos "haber", "estar" o "tener" y las informaciones solicitadas.

　　Ejemplo: Muebles y electrodomésticos: En mi cocina hay una nevera, una cocina a gas y una mesa.

　　a Muebles:

　　　En mi salón _____.

　　b Cantidad y nombres de los ambientes de la casa:

　　　Mi casa _____.

　　c Ubicación:

　　　Mi casa _____.

92　noventa y dos

20 Lee y contesta.

a ¿Qué ambiente de la casa es este?
_____

b ¿Qué adjetivos usarías para describirlo?
_____

c ¿Qué hay en tu dormitorio?
_____
_____

d ¿Qué género textual es este y cuáles de sus características están presentes en el ejemplo analizado?
_____

21 Elige los adverbios de lugar que completan correctamente las frases.

| abajo   adentro   arriba   delante   detrás |

a La ventana está _____ de la cama.

b El escritorio está _____, en el primer piso.

c En la cómoda _____ de la cama hay una televisión.

d No dejamos el coche en la calle; lo guardamos _____.

e La cocina está _____, en la planta baja.

PROYECTO INTERDISCIPLINARIO 2

ES MI DEBER CUIDAR Y RESPETAR A LOS ANCIANOS

- **Organización:** la clase dividida en grupos de tres alumnos
- **Temas Contemporáneos Transversales:** *Direitos da Criança e do Adolescente; Processo de Envelhecimento, Respeito e Valorização do Idoso; Vida Familiar e Social*
- **Metodología activa:** *maker*

El envejecimiento es una etapa de la vida por la que todos vamos a pasar, sea en nuestra propia existencia o en la de las personas con las cuales convivimos. Para los que ya tienen una edad más avanzada, muchos pueden ser los retos en su vivienda, salud, relaciones con los demás y rutina. Respetarlos, cuidarlos y ayudarlos a superar estos obstáculos y a tener una buena calidad de vida es nuestro deber. Para ello, a continuación les proponemos a ti y a los demás compañeros una investigación sobre este tema y un mayor contacto con los ancianos con los cuales conviven, además de estimular su creatividad y construir algo que traiga más bienestar a estas personas llenas de experiencia y sabiduría.

Primera etapa
Organícense en grupos e investiguen sobre:
- los mayores retos enfrentados por los ancianos en su país, estado o ciudad;
- las acciones municipales, regionales o nacionales que busquen promover una buena calidad de vida para esas personas.

Busquen las informaciones en fuentes confiables. Usen páginas web oficiales de los gobiernos o de organizaciones no gubernamentales (ONG), periódicos, videos, pódcasts, etc.

Segunda etapa
Organicen los datos recogidos en la etapa anterior y elijan una forma de presentárselos a sus compañeros (carteles, diapositivas, videos, etc.). Elaboren y realicen las presentaciones, discutan entre todos las informaciones presentadas por los grupos y luego relaten sus propias experiencias y vivencias con ancianos, reflexionando y comentando sobre los aspectos a continuación:

- ¿Cómo son los ancianos con los cuales convivo?
- ¿Cuáles son sus rasgos físicos y psicológicos?
- ¿Cómo viven y cómo es su vivienda? ¿Cómo me relaciono con los ancianos cercanos?
- ¿Qué hago para ayudarlos?

Tercera etapa
En grupos de tres alumnos, elijan dos de los ancianos con los cuales conviven y verifiquen realmente cómo es su rutina. A tal efecto, hagan una entrevista preguntándoles:
- ¿Tiene una buena calidad de vida?
- ¿Cuáles son los mayores retos a los que tiene que hacer frente en su vida cotidiana, por ejemplo, en materia de locomoción, alimentación, lectura, hacer trámites, entretenimiento, etc.?
- ¿Cuenta con alguna solución —doméstica o profesional— que lo(a) ayuda a superar tal dificultad?
- ¿Qué cambios/aparatos/ideas podrían ayudarlo a tener una vida mejor?
- ¿Qué adaptaciones en su entorno podrían mejorar su rutina y brindarle más bienestar?

Tras la realización de las entrevistas, compartan las informaciones con sus compañeros y reúnanlas de forma visual, objetiva y organizada (con gráficos, infografías, etc.). Analícenlas y reflexionen sobre qué pueden hacer para auxiliar a los ancianos a enfrentar los retos mencionados y para poner en práctica los cambios sugeridos por ellos.

Amplíen la discusión sobre el tema de la calidad de vida de los mayores con la asignatura de Ciencias, analizando los cambios físicos que les generan más dificultades, las enfermedades más comunes, los cuidados necesarios, entre otros aspectos.

Cuarta etapa

Con base en el análisis de las informaciones recogidas en la sección anterior, discutan sobre algo que ustedes puedan crear para posibilitar mejores condiciones de vida a los ancianos con los cuales conviven.
- Transformen el aula en una especie de laboratorio *maker* colaborativo en el cual podrán crear sus invenciones. Reogarnicen las mesas y las sillas y lleven recursos que podrán usar en las creaciones: materiales de papelería (tijeras, papeles, pegamento, cinta adhesiva, tinta, etc.), elementos reciclables, recursos de ebanistería, entre otros.
- Piensen en invenciones que sean útiles y seguras.
- Verifiquen los materiales que van a necesitar para sus invenciones y organícenlos.
- ¡Manos a la obra! Creen sus invenciones. De ser necesario, pueden pedir orientaciones a los profesores de Arte y/o de Tecnología.
- Cuando terminen de confeccionarlas, comprueben si son verdaderamente seguras y si no pueden causar algún tipo de daño a quien las utilice. Pruébenlas con el profesor y con sus compañeros de aula y, si es necesario, háganles ajustes para que sean de hecho seguras y útiles para los ancianos. Luego llévenselas a los entrevistados en la tercera etapa, pídanles que las prueben y que opinen sobre ellas. Verifiquen si sus creaciones realmente son útiles y háganles las adaptaciones que correspondan.

Quinta etapa

Tras los ajustes y finalización de sus invenciones, pónganles un nombre, fotografíenlas y elaboren un afiche digital para presentarlas, indicando sus componentes y funcionalidades. Publíquenlo en alguna página web y compártanlo en la Plataforma Ventana (<www.ventanaalespanol.com.br>) con la etiqueta "afiche digital".

Sexta etapa

Organicen con toda la clase un evento para los ancianos y la comunidad escolar en el cual compartan sus creaciones e incentiven una mayor reflexión sobre la necesidad de cuidar a los mayores y posibilitarles mejores condiciones de vida. Piensen en una programación en la cual:
- expongan las informaciones recogidas en la primera y tercera etapa para contextualizar las ideas que tuvieron a lo largo del proyecto;
- divulguen sus invenciones con los afiches y comenten los materiales que las componen, sus funcionalidades, su proceso de creación y de testeo;
- inviten a los ancianos que colaboraron en el proyecto a comentar cómo fue participar en estas acciones y si las invenciones los ayudaron a tener una mejor calidad de vida;
- propongan actividades atractivas para los ancianos invitados, involucrando a los profesores de otras asignaturas para llevar a cabo tales propuestas. En un trabajo conjunto con el profesor de Educación Física, puede tratarse, por ejemplo, de actividades físicas a ser realizadas por los participantes durante el evento. Con los docentes de Lengua Portuguesa y Arte, piensen en un momento de declamación de poemas y/o de audición de canciones antiguas, además de organizar talleres de pintura o artesanía. Con el área de Tecnología, desarrollen talleres de manejo de celulares y otros recursos tecnológicos, etc.;
- después del evento, reflexionen sobre sus aspectos positivos y negativos, identifiquen qué puede ser mejorado en otros eventos y concluyan elaborando un informe sobre qué aprendieron con la experiencia *maker* y la convivencia con los ancianos.

noventa y cinco 95

GLOSARIO

Español-Portugués

A

a gusto: *à vontade*
a pesar: *apesar*
abajo: *abaixo*
abecedario: *alfabeto*
abrazo: *abraço*
abuelo(a): *avô/avó*
acá: *aqui*
acento: *sotaque*
acepción: *acepção*
acercar(se): *aproximar(-se)*
achinado: *puxado (olho)*
acogedor(a): *aconchegante*
acortado(a): *encurtado(a)*
actor/actriz: *ator/atriz*
adelante: *adiante*
adentro: *dentro*
adherir: *aderir; colar*
adiós: *adeus; tchau*
adoptar: *adotar*
adoptivo(a): *adotivo(a)*
afuera: *fora*
agente inmobiliario(a): *corretor(a) de imóveis*
aguileño(a): *aquilino(a)*
ahí: *aí*
ahora: *agora*
aire: *ar*
aire acondicionado: *ar-condicionado*
alcalde/alcadesa: *prefeito(a)*
alemán/alemana: *alemão/alemã*
alguien: *alguém*
algún(uno/a): *algum(a)*
almuerzo: *almoço*
allá: *lá*
allí: *ali*
alrededor (de): *ao redor (de)*
alumno(a): *aluno(a)*
ambiente (de la casa): *cômodo*
amistad: *amizade*
amplio(a): *amplo(a)*
análisis: *exame médico*
antiguo(a): *antigo(a)*
añadir: *acrescentar*
apellido: *sobrenome*
apodo: *apelido*
aporte: *contribuição*
aprendizaje: *aprendizagem*
apretón: *aperto*
aquel/aquella: *aquele(a)*
árbol: *árvore*
árbol frutal: *árvore frutífera*
archivar: *arquivar*
argentino(a): *argentino(a)*
armario empotrado: *armário embutido*
arriba: *acima*
artesanía: *artesanato*
ascensor: *elevador*
asentir: *assentir*
aseo: *lavabo*
asignatura: *componente curricular; matéria; disciplina*
ático: *cobertura (moradia)*
atractivo(a): *atrativo(a)*
aula: *classe; sala de aula*
aún: *ainda*
auricular: *fone de ouvido*
auto: *carro*
autobús: *ônibus*
autofoto: *autorretrato;* selfie
avance: *avanço*
avanzar: *avançar*

B

baile: *dança*
bajo(a): *baixo(a)*
balcón: *sacada*
balón: *bola*
bandera: *bandeira*
bañera: *banheira*
baño: *banheiro*
barba: *barba*
barbilla: *queixo*
barra americana: *balcão americano*
barrio: *bairro*
besar: *beijar*
beso: *beijo*
bigote: *bigode*
billete: *entrada; passagem*
bisabuelo(a): *bisavô/bisavó*
bocadillo: *sanduíche; balão de fala (HQ)*
boda: *casamento*
bolígrafo: *caneta*
bonito(a): *bonito(a)*
borrador: *rascunho*
borrar: *apagar*
bostezar: *bocejar*
botella: *garrafa*
brasileño(a): *brasileiro(a)*
brazo: *braço*

C

cabello: *cabelo*
cabestrillo: *tipoia*
cabeza: *cabeça*
calefacción: *calefação*
callado(a): *calado(a)*
calle: *rua*
cambiar: *trocar; mudar*
cambio: *mudança*
camboyano(a): *cambojano(a)*
camello: *camelo*
camión: *caminhão*
canadiense: *canadense*
cancha: *quadra*
canoso(a): *grisalho(a)*
carpeta: *pasta*
cartel: *cartaz*
castaño(a): *castanho(a)*
ceja: *sobrancelha*
cena: *jantar*
centro comercial: shopping
ceño: *cenho*
cerca: *perto*
cercano(a): *próximo(a)*
chancleta: *chinelo*
charla: *conversa*
chato(a): *achatado(a)*
chau/chao: *tchau; adeus*
chico(a): *moço(a); menino(a)*
chino(a): *chinês/chinesa*
chistoso(a): *engraçado(a)*
ciencias: *ciências*
cine: *cinema*
ciudad: *cidade*
clase: *aula*
clásico(a): *clássico(a)*
cocina a gas: *fogão*
cocina: *cozinha*
coche: *carro*
codo: *cotovelo*
cole: *colégio*
coleta: *rabo de cavalo (penteado)*
comedor: *refeitório; sala de jantar*
comenzar: *começar*
cómic: *gibi; história em quadrinhos*
comida: *almoço; comida; refeição*
comilón/comilona: *comilão/comilona*
cómodamente: *confortavelmente*
cómodo(a): *confortável*
compañero(a): *colega de classe*
compartir: *compartilhar*
compás: *compasso*
computadora: *computador*
confianza: *confiança*
conllevar: *implicar*
conmigo: *comigo*
cono: *cone*
conocer: *conhecer*
consonante: *consoante*
contento(a): *contente*
contestar: *responder*
corazón: *coração*
corto(a): *curto(a)*

noventa y siete 97

costar: *custar*
costarricense: *costarriquenho(a)*
costumbre: *costume*
crear: *criar*
crecer: *crescer*
cuaderno: *caderno*
cuadro: *quadro; quadrinho*
cubiertos: *talheres*
cuello: *pescoço*
cuerpo: *corpo*
cuestión: *questão*
cumplir: *cumprir*
cumplir años: *fazer aniversário*

danés/danesa: *dinamarquês/dinamarquesa*
dañino(a): *daninho(a); prejudicial*
dar: *dar*
deber: *dever; tarefa*
decir: *dizer*
decoración: *decoração*
delante: *na frente*
deletrear: *soletrar*
delgado(a): *magro(a)*
demasiado: *demais*
departamento (vivienda): *apartamento*
deportivo(a): *esportivo(a)*
derecho: *direito; reto*
desarrollar: *desenvolver*
descargar: *descarregar*
desconocido(a): *desconhecido(a)*
describir: *descrever*
desinterés: *desinteresse*
despacho: *escritório*
despectivo(a): *pejorativo(a)*
despistado(a): *distraído(a)*
detrás: *atrás*
día festivo: *feriado*
dibujar: *desenhar*
dibujo: *desenho*
diccionario: *dicionário*
diente: *dente*
dirección: *diretoria; endereço*
director(a): *diretor(a)*
disfrutar: *aproveitar*
documental: *documentário*
doler: *doer*
dormilón/dormilona: *dorminhoco(a)*
dormitorio: *quarto*
ducha: *chuveiro*
duda: *dúvida*

echar(se): *jogar(-se); deitar(-se)*
ecuatoriano(a): *equatoriano(a)*

edad: *idade*
efecto: *efeito*
ejercicio: *exercício*
él/ella: *ele/ela*
electrodoméstico: *eletrodoméstico*
embajador(a): *embaixador(a)*
emperador/emperatriz: *imperador/imperatriz*
empezar: *começar*
emplear: *empregar*
empleo: *emprego; vaga (de emprego)*
en dirección a: *em direção a*
en línea: *on-line*
encorvar: *curvar*
encuesta: *enquete; pesquisa*
enfado: *aborrecimento*
enfermedad: *doença*
enfermo(a): *doente*
enojado(a): *bravo(a)*
enseñanza: *ensino*
entonación: *entonação*
entretener: *entreter; divertir*
equipado(a): *equipado(a)*
escalera: *escada*
escribir: *escrever*
escuchar: *escutar*
escuela: *escola*
espacio: *espaço*
espalda: *costas*
español(a): *espanhol(a)*
espejo: *espelho*
estadística: *estatística*
estadounidense: *estadunidense*
estantería: *estante*
estrella: *estrela*
estuche: *estojo*
estudiante: *estudante*
estudiar: *estudar*
estudio: *estudo; apartamento conjugado*
examen: *prova; exame*
exquisito(a): *delicioso(a)*
extranjero(a): *estrangeiro(a)*
extraño(a): *estranho(a)*
extrovertido(a): *extrovertido(a)*

fecha: *data*
feo(a): *feio(a)*
feria: *feira*
fiesta: *festa*
finca: *sítio*
fino(a): *fino(a)*
franja etaria: *faixa etária*
frecuente: *frequente*
fregadero: *pia de cozinha*
frente: *testa*
fruncir: *franzir*
fuente: *fonte*
fútbol: *futebol*

gafas: *óculos*
gallego(a): *galego(a); da Galiza*
garaje: *garagem*
gemelo(a): *gêmeo(a)*
generador(a): *gerador(a)*
gimnasia: *ginástica*
gimnasio: *academia de ginástica*
glosario: *glossário*
goma: *borracha*
gracioso(a): *engraçado(a)*
grande: *grande*
granja: *sítio*
grueso(a): *grosso(a)*
guapo(a): *bonito(a)*
guatemalteco(a): *guatemalteco(a)*
gusto: *gosto; prazer*
gym: *academia de ginástica*

hablar: *falar*
hacer: *fazer*
hacha: *machado*
hacia: *em direção a*
hasta: *até*
hecho: *fato*
hermanastro(a): *meio-irmão/meia-irmã*
hermano(a): *irmão/irmã*
héroe/heroína: *herói/heroína*
hijastro(a): *enteado(a)*
hijo(a): *filho(a)*
hiperactivo(a): *hiperativo(a)*
hipocorístico: *apelido*
hispanohablante: *falante de espanhol*
historieta: *história em quadrinhos*
hogar: *lar*
hoja: *folha*
hombre: *homem*
hombro: *ombro*
hondureño(a): *hondurenho(a)*
horno: *forno*
hostal: *hostel; albergue*
huevo: *ovo*

impreso(a): *impresso(a)*
incluso: *inclusive*
indiferencia: *indiferença*
infografía: *infográfico*
informe: *relatório*
ingeniería: *engenharia*
ingeniero(a): *engenheiro(a)*
inglés/inglesa: *inglês/inglesa*

inmigración: *imigração*
inmigrante: *imigrante*
inmigrar: *imigrar*
inmobiliaria: *imobiliária*
inodoro: *vaso sanitário*
interés: *interesse*
investigación: *pesquisa*
investigador(a): *pesquisador(a)*
investigar: *pesquisar*
invierno: *inverno*
invitación: *convite*
iraní: *iraniano(a)*
irreductible: *irredutível*

jardín: *jardim*
jefe(a) de estudios: *coordenador(a)*
jerga: *gíria*
joven: *jovem*
juego de mesa: *jogo de tabuleiro*
juego: *jogo*
jueves: *quinta-feira*
jugar: *brincar; jogar*
juguete: *brinquedo*

keniano(a): *queniano(a)*

lámpara: *luminária*
lapicero: *lapiseira*
lápiz: *lápis*
lápiz de color: *lápis de cor*
largo(a): *longo(a)*
lástima: *pena*
lavabo: *pia de banheiro*
lavadero: *lavanderia*
lavadora: *máquina de lavar*
lavarropas: *máquina de lavar*
lavavajillas: *lava-louças*
lazo: *laço*
lector(a): *leitor(a)*
lejos: *longe*
lengua: *língua*
lenguaje: *linguagem*
lexicógrafo(a): *lexicógrafo(a)*
ley: *lei*
leyenda: *legenda; lenda*
libro: *livro*
listo(a): *pronto(a)*
llamar: *ligar*
llamar(se): *chamar(-se)*
llave: *chave*
llegar: *chegar*
lleno(a): *repleto(a)*
lodo: *lama*

luego: *logo*
lujoso(a): *luxuoso(a)*
luminoso(a): *luminoso(a)*
lunes: *segunda-feira*

madera: *madeira*
madrastra: *madrasta*
madre: *mãe*
maestro(a): *professor(a)*
mano: *mão*
mañana: *amanhã; manhã*
maquetación: *diagramação*
marroquí: *marroquino(a)*
martes: *terça-feira*
mascota: *mascote; animal de estimação*
matemáticas: *matemática*
materia: *componente curricular; disciplina*
mayor: *idoso(a); pessoa mais velha; maior*
mecha: *mecha, luzes (cabelo)*
mejilla: *bochecha*
mejor: *melhor*
menor: *pessoa mais nova; menor*
mensaje: *mensagem*
merienda: *lanche; merenda*
mesita de noche: *mesa de cabeceira*
mientras: *enquanto*
miércoles: *quarta-feira*
mirar: *olhar*
mitad: *metade*
mobiliario: *mobília*
molesto(a): *incomodado(a)*
moneda: *moeda*
moño: *coque; laço*
motor de búsqueda: *buscador*
mover: *movimentar*
móvil: *celular*
movilidad: *mobilidade*
mucho(a): *muito(a)*
mueble: *móvel*
mujer: *mulher*
músico(a): *músico(a)/musicista*
muy: *muito*

nacer: *nascer*
nación: *nação*
naturaleza: *natureza*
nervioso(a): *nervoso(a); ansioso(a)*
nevera: *geladeira*
ni: *nem*
nicaragüense: *nicaraguense*
niño(a): *menino(a)*
nombre de pila: *nome de batismo; primeiro nome*

nombre: *nome*
nosotros(as): *nós*
novela: *romance*
noviazgo: *namoro*
novio(a): *namorado(a)*
nube: *nuvem*
nuera: *nora*
nuestro(a): *nosso(a)*

oficina: *escritório*
ojo: *olho*
olla: *panela*
olvidadizo(a): *esquecido(a)*
olvidar(se): *esquecer(-se)*
optimista: *otimista*
orden: *ordem*
ordinario(a): *comum; normal*
oreja: *orelha*
origen: *origem*
oscuro(a): *escuro(a)*
otoño: *outono*

padrastro: *padrasto*
padre: *pai*
paisaje: *paisagem*
paja: *palha*
panameño(a): *panamenho(a)*
pantalla: *tela*
papelería: *papelaria*
paquistaní: *paquistanês/paquistanesa*
parada de autobús: *ponto de ônibus*
paraguayo(a): *paraguaio(a)*
pared: *parede*
pareja: *casal; dupla*
pariente: *parente*
pasillo: *corredor*
pasaje: *passagem*
pastel: *bolo*
patio: *pátio; quintal*
pecho: *peito*
pegamento: *cola*
pegar: *colar*
película: *filme*
pelirrojo(a): *ruivo(a)*
pelo: *cabelo; pelo*
pelota: *bola*
pena: *pena; tristeza*
pequeño(a): *pequeno(a); pessoa mais nova*
perilla: *cavanhaque*
periódico: *jornal*
periodismo: *jornalismo*
periodista: *jornalista*
perro(a): *cachorro(a)*

noventa y nueve 99

persona: *pessoa*
personaje: *personagem*
pie: *pé*
piedra: *pedra*
pierna: *perna*
piso: *apartamento; andar; chão*
pizarra: *lousa*
placer: *prazer*
plano en 3D: *planta 3D*
plastilina: *massinha de modelar*
plato: *prato*
plaza: *emprego; vaga; praça*
plazo: *prazo*
población: *população*
poder: *poder; conseguir*
poeta/poetisa: *poeta/poetisa*
polaco(a): *polonês/polonesa*
poner: *pôr*
por supuesto: *com certeza; obviamente*
portaminas: *lapiseira*
poseer: *possuir*
prácticas: *estágio (profissional)*
precio: *preço*
presentar(se): *apresentar(-se)*
prestar: *emprestar*
presumido(a): *vaidoso(a)*
proceder: *proceder; provir*
profesor(a): *professor(a)*
promesa: *promessa*
prometido(a): *noivo(a)*
pronombre: *pronome*
pronto: *logo*
provenir: *provir; proceder*
proyecto: *projeto*
pueblo: *povo*
puerta: *porta*
puertorriqueño(a): *porto-riquenho(a)*
puesto (de trabajo): *emprego; vaga (de emprego)*
pupitre: *carteira*

rama: *galho*
rasgo: *traço; característica*
recogido(a): *preso(a)*
recolectar: *recolher*
recuadro: *quadro*
refuerzo: *reforço*
regalo: *presente*
región: *região*
regla: *régua; regra*
relajarse: *relaxar*
residente: *morador(a)*
respingón/respingona: *arrebitado(a)*
riesgo: *risco*
rizado(a): *enrolado(a); crespo*
robótica: *robótica*
rodilla: *joelho*

ropa: *roupa*
ropa de cama: *roupa de cama*
rostro: *rosto*
rotulador: *canetinha; pincel atômico*
rubio(a): *loiro(a)*
ruidoso(a): *barulhento(a)*
ruso(a): *russo(a)*
rutina: *rotina*

sabroso(a): *saboroso(a)*
sacapuntas: *apontador*
salir: *sair*
salón: *sala de estar; salão*
saludar: *cumprimentar*
saludo: *cumprimento*
sanguíneo(a): *sanguíneo(a)*
sano(a): *são/sã; saudável*
semejante: *semelhante*
sencillo(a): *simples*
sensible: *sensível*
señal: *sinal*
señalar: *apontar; assinalar; marcar*
siglo: *século*
silla: *cadeira*
sillón: *poltrona*
sin duda: *sem dúvida*
sin embargo: *contudo; no entanto; porém*
sitio: *lugar*
situación: *situação*
sobrenombre: *apelido*
sociable: *sociável*
solamente: *apenas; só; somente*
soleado(a): *ensolarado(a)*
solo: *apenas; só; somente*
solo(a): *sozinho(a)*
soltero(a): *solteiro(a)*
sonreír: *sorrir*
sorpresa: *surpresa*
***spot*:** spot
suegro(a): *sogro(a)*
sueño: *sonho; sono*
sufijo: *sufixo*
suizo(a): *suíço(a)*
suponer: *supor*
sur: *sul*
sustituir: *substituir*

tableta: tablet
tardar: *demorar*
tarea: *dever de casa; tarefa*
tatarabuelo(a): *tataravô/tataravó*
tebeo: *gibi*
televisión: *televisão*
temprano: *cedo*
tener: *ter*

terraza: *varanda*
tiempo: *tempo*
tijera: *tesoura*
tira cómica: *história em quadrinhos*
titubear: *titubear; hesitar*
titular: *manchete; titular*
tiza: *giz*
toalla: *toalha*
todavía: *ainda*
tortuga: *tartaruga*
trabajo: *trabalho*
traer: *trazer*
transportador: *transferidor*
trenza: *trança*
tú: *tu/você*
tutear: *tutear*

ubicación: *localização*
ubicar: *localizar*
uña: *unha*
uruguayo(a): *uruguaio(a)*
usted: *senhor(a)*
útil: *utensílio; útil*

vacaciones: *férias*
vaso: *copo*
vecino(a): *vizinho(a)*
venezolano(a): *venezuelano(a)*
venir: *vir*
ventana: *janela*
verano: *verão*
viaje: *viagem*
videoclase: *videoaula*
viernes: *sexta-feira*
viñeta: *charge; quadrinho*
viudo(a): *viúvo(a)*
vivienda: *moradia*
vivir: *viver*
vocablo: *vocábulo*
vocal: *vogal*
volcán: *vulcão*
vos: *tu/você*
vuelta: *volta*

yerno: *genro*
yo: *eu*
yoga: *ioga*

zapatero(a): *sapateiro(a)*
zona: *área*

Portugués-Español

à vontade: a gusto
abaixo: abajo
aborrecimento: enfado
abraço: abrazo
academia de ginástica: gym; gimnasio
acepção: acepción
acima: arriba
aconchegante: acogedor(a)
acrescentar: añadir
achatado(a): chato(a)
aderir: adherir
adeus: adiós; chau/chao
adiante: adelante
adotar: adoptar
adotivo(a): adoptivo(a)
agora: ahora
aí: ahí
ainda: todavía; aún
albergue: hostal
alemão/alemã: alemán/alemana
alfabeto: abecedario
alguém: alguien
algum(a): algún(uno/a)
ali: allí
almoço: almuerzo; comida
aluno(a): alumno(a)
amanhã: mañana
amigo(a): amigo(a)
amizade: amistad
amplo(a): amplio(a)
andar: piso
animal de estimação: mascota
ansioso(a): nervioso(a)
antigo(a): antiguo(a)
ao redor (de): alrededor (de)
apagar: borrar
apartamento: apartamento; departamento; piso
apartamento conjugado: estudio
apelido: apodo; hipocorístico; sobrenombre
apenas: solo; solamente
aperto: apretón
apesar: a pesar
apontador: sacapuntas
apontar: señalar
aprendizagem: aprendizaje
apresentar(-se): presentar(se)
aproveitar: disfrutar
aproximar(-se): acercar(se)
aquele(a): aquel/aquella
aqui: acá; aquí
aquilino(a): aguileño(a)
ar: aire
ar-condicionado: aire acondicionado
área: zona
argentino(a): argentino(a)
armário embutido: armario empotrado
arquivar: archivar
arrebitado(a): respingón/respingona
artesanato: artesanía
árvore: árbol
árvore frutífera: árbol frutal
assentir: asentir
assinalar: señalar
até: hasta
ator/atriz: actor/actriz
atrás: atrás; detrás
atrativo(a): atractivo(a)
aula: clase
autorretrato: autofoto
avançar: avanzar
avanço: avance
avô/avó: abuelo(a)

bairro: barrio
baixo(a): bajo(a)
balão de fala: bocadillo
balcão americano: barra americana
bandeira: bandera
banheira: bañera
banheiro: baño
barba: barba
barulhento(a): ruidoso(a)
beijar: besar
beijo: beso
bigode: bigote
bisavô/bisavó: bisabuelo(a)
boca: boca
bocejar: bostezar
bochecha: mejilla
bola: balón; pelota
bolo: pastel
bonito(a): bonito(a); guapo(a)
borracha: goma
braço: brazo
brasileiro(a): brasileño(a)
bravo(a): enojado(a)
brincar: jugar
brinquedo: juguete
buscador: motor de búsqueda

cabeça: cabeza
cabelo: pelo; cabello
cachorro(a): perro(a)
cadeira: silla
caderno: cuaderno
calado(a): callado(a)
calefação: calefacción
cambojano(a): camboyano(a)
camelo: camello
caminhão: camión
canadense: canadiense
caneta: bolígrafo
canetinha: rotulador
característica: rasgo
carro: auto; coche
cartaz: cartel
carteira: pupitre
casal: pareja
casamento: boda
castanho(a): castaño(a)
cavanhaque: perilla
cedo: temprano
celebração: celebración
celular: móvil
cenho: ceño
chamar(-se): llamar(se)
chão: piso
charge: viñeta
chave: llave
chegar: llegar
chinelo: chancleta
chinês/chinesa: chino(a)
chuveiro: ducha
cidade: ciudad
ciências: ciencias
cinema: cine
classe: aula
clássico(a): clásico(a)
cobertura (moradia): ático
cola: pegamento
colar: adherir; pegar
colega de classe: compañero(a)
colégio: cole; colegio
com certeza: por supuesto
começar: comenzar; empezar
comigo: conmigo
comilão/comilona: comilón/comilona
cômodo (casa): ambiente
compartilhar: compartir
compasso: compás
componente curricular: asignatura; materia
computador: computadora
comum: ordinario(a)
cone: cono
confiança: confianza
confortável: cómodo(a)
confortavelmente: cómodamente
conhecer: conocer
conseguir: conseguir; poder
consoante: consonante
contato: contacto
contente: contento(a)
contribuição: aporte; contribución
contudo: sin embargo
conversa: charla
convite: invitación
coordenador(a): jefe(a) de estudios; coordinador

ciento uno 101

copo: vaso
coque: moño
coração: corazón
corpo: cuerpo
corredor: pasillo
corretor(a) de imóveis: agente inmobiliario(a)
costarriquenho(a): costarricense
costas: espalda
costume: costumbre
cotovelo: codo
cozinha: cocina
crescer: crecer
crespo(a) (cabelo): rizado(a)
criar: crear
cumprimentar: saludar
cumprimento: saludo
cumprir: cumplir
curto(a): corto(a)
curvar: encorvar
custar: costar

dança: baile
daninho(a): dañino(a)
data: fecha
dedo: dedo
deitar(-se): echar(se); acostar(se)
delicioso(a): exquisito(a)
demais: demasiado
demorar: tardar
dente: diente
dentro: adentro; dentro
descarregar: descargar
desconhecido(a): desconocido(a)
descrever: describir
desenhar: dibujar
desenho: dibujo
desenvolver: desarrollar
desinteresse: desinterés
dever: deber
dever de casa: tarea
diagramação: maquetación
dicionário: diccionario
dinamarquês/dinamarquesa: danés/danesa
direito: derecho
diretor(a): director(a)
diretoria: dirección
disciplina: asignatura; materia
distraído(a): despistado(a)
divertir: entretener; divertir
dizer: decir
documentário: documental
doença: enfermedad
doente: enfermo(a)
doer: doler
dorminhoco(a): dormilón/dormilona
dupla: pareja
dúvida: duda

efeito: efecto
egoísta: egoísta
ele/ela: él/ella
eletrodoméstico: electrodoméstico
elevador: ascensor
em direção a: en dirección a; hacia
embaixador(a): embajador(a)
empregar: emplear
emprego: empleo; plaza; puesto (de trabajo)
emprestar: prestar
encurtado(a): acortado(a)
endereço: dirección
engenharia: ingeniería
engenheiro(a): ingeniero(a)
engraçado(a): chistoso(a); gracioso(a)
enquanto: mientras
enquete: encuesta
enrolado(a) (cabelo): rizado(a)
ensino: enseñanza
ensolarado(a): soleado(a)
enteado(a): hijastro(a)
entonação: entonación
entorno: entorno
entrada: billete; entrada; ingreso
entreter: entretener
equatoriano(a): ecuatoriano(a)
escada: escalera
escola: escuela
escrever: escribir
escritório: despacho; oficina
escuro(a): oscuro(a)
escutar: escuchar
espaço: espacio
espanhol(a): español(a)
espelho: espejo
esportivo(a): deportivo(a)
esquecer(-se): olvidarse(se)
esquecido(a): olvidadizo(a)
estadunidense: estadounidense
estágio (profissional): prácticas
estante: estantería
estatística: estadística
estojo: estuche
estrangeiro(a): extranjero(a)
estranho(a): extraño(a)
estrela: estrella
estudante: estudiante
estudar: estudiar
estudo: estudio
eu: yo
exame: examen
exame médico: análisis
exercício: ejercicio
exposição: exposición

faixa etária: franja etaria
falante de espanhol: hispanohablante
falar: hablar
fato: hecho
fazer: hacer
fazer aniversário: cumplir años
feio(a): feo(a)
feira: feria
feriado: día festivo
férias: vacaciones
festa: fiesta
filho(a): hijo(a)
filme: película
fogão: cocina a gas
folha: hoja
fone de ouvido: auricular
fonte: fuente
fora: afuera; fuera
forno: horno
foto: foto
franzir: fruncir
frequente: frecuente
futebol: fútbol

galego(a): gallego(a)
galho: rama
garagem: garaje
garrafa: botella
geladeira: nevera; heladera
gêmeo(a): gemelo(a)
genro: yerno
gerador(a): generador(a)
gibi: tebeo; cómic
ginástica: gimnasia
gíria: jerga
giz: tiza
glossário: glosario
gosto: gusto
grande: grande
grisalho(a): canoso(a)
grosso(a): grueso(a)

herói/heroína: héroe/heroína
hesitar: titubear
hiperativo(a): hiperactivo(a)
hipocorístico: hipocorístico
história em quadrinhos: cómic; historieta; tira cómica
homem: hombre
hondurenho(a): hondureño(a)
hostel: hostal

idade: edad
idoso(a): mayor; anciano(a)
imigração: inmigración
imigrante: inmigrante
imigrar: inmigrar
imobiliária: inmobiliaria
imperador/imperatriz: emperador/emperatriz
implicar: conllevar
impresso(a): impreso(a)
inclusive: incluso
incomodado(a): molesto(a)
indiferença: indiferencia
infográfico: infografía
inglês/inglesa: inglés/inglesa
interesse: interés
inverno: invierno
ioga: yoga
iraniano(a): iraní
irmão/irmã: hermano(a)
irredutível: irreductible

janela: ventana
jantar: cena
jardim: jardín
joelho: rodilla
jogar: jugar
jogar(-se): echar(se)
jogo: juego
jogo de tabuleiro: juego de mesa
jornal: periódico
jornalismo: periodismo
jornalista: periodista
jovem: joven

lá: allá
laço: lazo; moño
lama: lodo
lanche: merienda
lápis: lápiz
lápis de cor: lápiz de color
lapiseira: lapicero; portaminas
lar: hogar
lavabo: aseo
lava-louças: lavavajillas; lavaplatos
lavanderia: lavadero
legenda: leyenda
lei: ley
leitor(a): lector(a)
lenda: leyenda
lexicógrafo(a): lexicógrafo(a)
ligar: llamar

língua: lengua
linguagem: lenguaje
livro: libro
localização: localización; ubicación
localizar: ubicar
logo: luego; pronto
loiro(a): rubio(a)
longe: lejos
longo(a): largo(a)
lousa: pizarra
lugar: sitio; lugar
luminária: lámpara
luxuoso(a): lujoso(a)
luzes (cabelo): mecha

machado: hacha
madeira: madera
madrasta: madrastra
mãe: madre
magro(a): delgado(a)
maior: mayor
manhã: mañana
mão: mano
máquina de lavar: lavadora; lavarropas
marcar: señalar; marcar
marroquino(a): marroquí
mascote: mascota
massinha de modelar: plastilina
matemática: matemáticas
matéria: asignatura
meio-irmão/meia-irmã: hermanastro(a)
melhor: mejor
menino(a): chico(a); niño(a)
menor: menor
mensagem: mensaje
merenda: merienda
mesa de cabeceira: mesita de noche
mesa de centro: mesita
metade: mitad
mobília: mobiliario
mobilidade: movilidad
moço(a): chico(a); muchacho(a)
mochila: mochila
moderno(a): moderno(a)
moeda: moneda
monolíngue: monolingüe
moradia: vivienda
morador(a): residente
móvel: mueble
movimentar: mover
mudança: cambio
mudar: cambiar
muito(a): mucho(a); muy
mulher: mujer
músico(a)/musicista: músico(a)

na frente: delante
nação: nación
namorado(a): novio(a)
namoro: noviazgo
nascer: nacer
natureza: naturaleza
nem: ni
nervoso(a): nervioso(a)
no entanto: sin embargo
noivo(a): prometido(a)
nome: nombre
nome de batismo: nombre de pila
nora: nuera
normal: ordinario(a)
nós: nosotros(as)
nosso(a): nuestro(a)
nuvem: nube

obviamente: por supuesto
óculos: gafas
olhar: mirar
olho: ojo
ombro: hombro
ônibus: autobús
on-line: en línea
ordem: orden
orelha: oreja
origem: origen
otimista: optimista
outono: otoño
ovo: huevo

padrasto: padrastro
pai: padre
paisagem: paisaje
palha: paja
panamenho(a): panameño(a)
panela: olla
papelaria: papelería
paquistanês/paquistanesa: paquistaní
paraguaio(a): paraguayo(a)
parede: pared
parente: pariente
passagem: billete; pasaje
pasta: carpeta
pátio: patio
pé: pie
pedir: pedir
pedra: piedra
peito: pecho
pejorativo(a): despectivo(a)
pena: pena; lástima
pequeno(a): pequeño(a); chico(a)

ciento tres 103

perna: pierna
personagem: personaje
perto: cerca
pescoço: cuello
pesquisa: encuesta; investigación
pesquisador(a): investigador(a)
pesquisar: investigar
pessoa: persona
pessoa mais nova: menor
pessoa mais velha: mayor
pia de cozinha: fregadero
pia de banheiro: lavabo
pincel atômico: rotulador
piscina: piscina
planta 3D: plano en 3D
poeta/poetisa: poeta/poetisa
polonês/polonesa: polaco(a)
poltrona: sillón
ponto de ônibus: parada de autobús
população: población
pôr: poner
porém: sin embargo
porta: puerta
porto-riquenho(a): puertorriqueño(a)
possuir: poseer
povo: pueblo
praça: plaza
prato: plato
prazer: gusto; placer
prazo: plazo
preço: precio
prefeito(a): alcalde/alcadesa
prejudicial: dañino(a); perjudicial
presente: regalo
preso(a): recogido(a)
primeiro nome: nombre de pila; primer nombre
professor(a): maestro(a); profesor(a)
projeto: proyecto
promessa: promesa
pronome: pronombre
pronto(a): listo(a)
prova: examen
provir: provenir; proceder
próximo(a): cercano(a)
puxado (olho): achinado

quadra: cancha
quadrinho: recuadro; viñeta; cuadro
quadro: cuadro
quarta-feira: miércoles
quarto: dormitorio
queixo: barbilla
queniano(a): keniano(a)
questão: cuestión; pregunta
quinta-feira: jueves
quintal: patio

rabo de cavalo (penteado): coleta
rascunho: borrador
recolher: recolectar
refeição: comida
refeitório: comedor
reforço: refuerzo
regra: regla
régua: regla
relatório: informe
relaxar: relajarse
repleto(a): lleno(a)
responder: contestar
reto (direção): derecho
risco: riesgo
robótica: robótica
romance: novela
rosto: rostro
rotina: rutina
roupa de cama: ropa de cama
roupa: ropa
rua: calle
ruivo(a): pelirrojo(a)
russo(a): ruso(a)

saboroso(a): sabroso(a)
sacada: balcón
sair: salir
sala de aula: aula
sala de estar: salón
sala de jantar: comedor
salão: salón
sanduíche: bocadillo
sanguíneo(a): sanguíneo(a)
são/sã: sano(a)
sapateiro(a): zapatero(a)
século: siglo
segunda-feira: lunes
selfie: autofoto
sem dúvida: sin duda
semelhante: semejante
senhor(a): usted
sensível: sensible
sexta-feira: viernes
shopping: centro comercial
simples: sencillo(a); simple
sinal: señal
sítio: finca; granja
só: solo; solamente
sobrancelha: ceja
sobrenome: apellido
sociável: sociable
sogro(a): suegro(a)
soletrar: deletrear
solteiro(a): soltero(a)
somente: solo; solamente
sonho: sueño
sono: sueño
sorrir: sonreír
sotaque: acento
sozinho(a): solo(a)
substituir: sustituir
sufixo: sufijo
suíço(a): suizo(a)
sul: sur
supor: suponer
surpresa: sorpresa

tablet: tableta
talheres: cubiertos
tarefa: deber; tarea
tartaruga: tortuga
tataravô/tataravó: tatarabuelo(a)
tchau: chau/chao; adiós
tela: pantalla
televisão: televisión
tempo: tiempo
ter: tener
terça-feira: martes
tesoura: tijera
testa: frente
tipoia: cabestrillo
toalha: toalla
trabalho: trabajo
traço: rasgo
trança: trenza
transferidor: transportador
trazer: traer
tristeza: pena; tristeza
trocar: cambiar

unha: uña
uruguaio(a): uruguayo(a)
utensílio: útil

vaga (de emprego): empleo; puesto (de trabajo); plaza
vaidoso(a): presumido(a)
varanda: terraza
vaso sanitário: inodoro
vegetação: vegetación
venezuelano(a): venezolano(a)
verão: verano
viagem: viaje
videoaula: videoclase
vir: venir
viúvo(a): viudo(a)
viver: vivir
vizinho(a): vecino(a)
vocábulo: vocablo
você: tú/vos
vogal: vocal
volta: vuelta
vulcão: volcán

MÁS CONTEXTOS

Nombre: _____ Clase: _____

Fecha: _____ / _____ / _____

> 🔻 **Género textual:** *spot* de turismo
> El *spot* es un género publicitario que tiene como finalidad divulgar o promocionar algo. Está compuesto por elementos visuales y auditivos. En general, es corto y suele ser transmitido en la televisión, en la radio, en el cine o en plataformas de videos. En el caso del *spot* de turismo, su objetivo es divulgar el sitio en cuestión e incentivar su visitación.

1 🎧 Escucha la grabación y contesta las preguntas.

a ¿Sobre qué trata el *spot*?
_____

b ¿Cuáles son los puntos turísticos mencionados en la grabación? Nómbralos.

_____ _____ _____

c ¿Qué lugares mencionados en el *spot* te gustaría conocer? ¿Por qué?
_____

d ¿Ya has visto/escuchado algún *spot* de turismo? En caso afirmativo, ¿cómo eran las imágenes y los textos? En caso negativo, busca alguno en internet y descríbelo. 🌐
_____

ciento cinco 105

2 Contesta las siguientes preguntas.

a ¿Qué tienen en común los géneros textuales *spot* de turismo y cartel turístico?
_____

b ¿Cuál de los dos géneros logró despertar en ti más ganas de visitar los lugares descritos? ¿Por qué?
_____

3 Ve estas imágenes de *spots* de turismo hispanoamericanos. Si fueses tú el creador de estos textos, ¿qué otras frases utilizarías para promocionar el turismo de cada región? Escribe una para cada imagen.

a Guatemala.

b San José de Metán – Argentina.

c Perú.

d Ciudad de México – México.

4 Contesta las preguntas describiendo las imágenes y los textos que utilizarías. También puedes hacer dibujos o crearlos en línea y compartir el enlace en la Plataforma Ventana (<www.ventanaalespanol.com.br>).

a ¿Cómo harías un *spot* de los países descritos en el cartel de turismo que creaste en la unidad?
_____
_____

b Y respecto al turismo en tu país, ¿cómo sería el *spot* que crearías para divulgarlo?
_____
_____

106 ciento seis

MÁS CONTEXTOS

Nombre: _____   Clase: _____

Fecha: _____ / _____ / _____

> **Género textual: noticia**
> La noticia es un texto periodístico esencialmente informativo. Trata de hechos recientes y novedosos que puedan ser de interés del público. El texto es claro y objetivo y responde, esencialmente, a las preguntas: qué, quién, cuándo, dónde, cómo y por qué.

1 Lee la noticia e identifica dónde fue publicada. Subraya en el texto esa información.

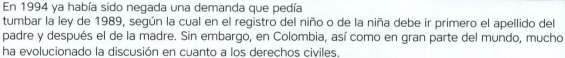

Padres podrán elegir el orden de los apellidos

Por una ley de 1989, primero debía ir el apellido del padre

9 nov. 2019 Periódico *El Tiempo* – versión digital

Esta semana la Corte Constitucional de Colombia concluyó que la imposición de poner el apellido del padre antes del de la madre es un acto de discriminación contra las mujeres y tumbó la Ley 54 de 1989. Así, estableció que ahora los padres se van a poner de acuerdo sobre el orden de los apellidos.

En 1994 ya había sido negada una demanda que pedía tumbar la ley de 1989, según la cual en el registro del niño o de la niña debe ir primero el apellido del padre y después el de la madre. Sin embargo, en Colombia, así como en gran parte del mundo, mucho ha evolucionado la discusión en cuanto a los derechos civiles.

La Corte ha dado al Congreso un plazo de dos años para que regule ese registro, respetando la igualdad entre hombres y mujeres. Si no hay consenso entre los padres, el registrador o el notario harán un sorteo para determinar el orden de los apellidos.

Adaptado de: <www.eltiempo.com/justicia/cortes/decidir-el-orden-de-los-apellidos-en-colombia-constituye-un-paso-hacia-la-equidad-de-genero-431990>. Acceso el: 21 oct. 2020.

2 Contesta las siguientes preguntas sobre el texto.

a ¿Cuándo se publicó esa noticia?
_____

b ¿Cuál es su objetivo principal?
_____

c ¿Cómo era antes el orden de los apellidos en Colombia?
_____

d Después de la decisión de la Corte Constitucional, ¿qué debe hacer el Congreso?
_____

e ¿Qué pasará si los padres no se ponen de acuerdo?
_____

ciento siete 107

3 Observa la noticia. ¿En cuántas partes se divide? Señala la opción correcta.

a ☐ En dos partes: título y cuerpo (texto).
b ☐ En tres partes: título, subtítulo y cuerpo (texto).
c ☐ En tres partes: título, preguntas y respuestas.

4 Además de esas partes, ¿qué otro(s) dato(s) puedes identificar en la noticia?
_____

5 Escribe las preguntas esenciales que corresponden a las siguientes informaciones dadas en la noticia.

Preguntas básicas		Respuestas en la noticia
a	¿ ?	La decisión que permite a los padres elegir el orden de los apellidos de sus hijos.
b	¿ ?	En Colombia.
c	¿ ?	Tomada en noviembre de 2019.
d	¿ ?	La Corte Constitucional del país.
e	¿ ?	La Corte tumbó la ley que obligaba que se pusiese primero el apellido del padre y decidió que los padres elegirán el orden de los apellidos.
f	¿ ?	La Corte concluyó que la imposición del orden de los apellidos iba en contra de la igualdad entre hombres y mujeres.

6 ¿Sabes cómo debe ser el registro de los apellidos en Brasil? Investígalo y apunta tus conclusiones. 🌐

_____
_____
_____

7 Compara las características de la noticia con las de los reportajes que leíste en la unidad. Luego marca N (noticia) o R (reportaje).

a ☐ Tema de interés general, no necesariamente un evento reciente.
b ☐ Acontecimientos recientes o actuales.
c ☐ Declaraciones de especialistas.
d ☐ Informaciones objetivas y claras que pueden afectar la vida del lector.

8 Contesta las siguientes preguntas.

a ¿Sueles leer o ver noticias? ¿En qué medios de comunicación?
_____

b ¿Te parece importante el hábito de leer o ver noticias? ¿Por qué?
_____

c ¿Prefieres noticias o reportajes? Fundamenta tu respuesta.
_____

d ¿Te acuerdas de ejemplos de noticias y reportajes que hayas leído o visto? Describe sus temas principales.
_____

108 ciento ocho

MÁS CONTEXTOS

Nombre: _____ Clase: _____

Fecha: _____ / _____ / _____

📑 Género textual: artículo de enciclopedia
Mientras el diccionario es una publicación que trae definiciones de las palabras de una lengua, la enciclopedia es una obra que expone, de manera breve, el conjunto de conocimientos humanos a través de pequeños textos explicativos llamados artículos. Igual que un diccionario, las enciclopedias pueden ser impresas o digitales, generalistas o específicas, es decir, pueden tratar de un área única.

1 🔊 Lee los siguientes textos y relaciónalos con sus posibles fuentes.

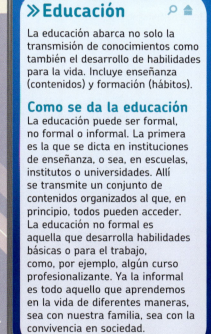

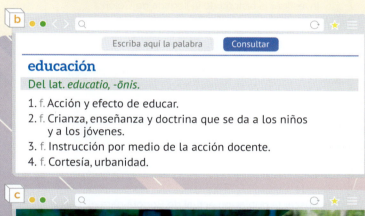

☐ Sitio oficial en internet.
☐ Enciclopedia digital.

☐ *Diccionario de la lengua española* – RAE. Disponible en: <https://dle.rae.es/educaci%C3%B3n>. Acceso el: 17 oct. 2020.

2 ¿Cuál es la principal semejanza y la principal diferencia entre los textos de la actividad 1?

_____
_____
_____
_____

ciento nueve | 109

3 Tus profesores te pidieron varios trabajos. Indica en cuáles de estas fuentes vas a buscar información.

> Diccionario bilingüe Diccionario monolingüe
> Enciclopedia digital Sitios oficiales en internet

	Tarea	Dónde busco información
a	Buscar el significado de algunas palabras desconocidas en portugués.	
b	Encontrar el significado de algunas palabras desconocidas en lengua extranjera.	
c	Investigar la historia de la llegada de Colón a América.	
d	Descubrir datos biográficos de una personalidad del mundo de las artes como Carlos Ruiz Zafón.	
e	Preparar un informe sobre las lenguas habladas en México.	
f	Buscar la población actual de Bogotá para el trabajo de Geografía.	
g	Organizar una lista de compras en inglés para el almuerzo del Día de Inmersión Lingüística.	
h	Revisar la redacción que has escrito para la profesora de Lengua Portuguesa, pues hay muchas palabras repetidas que necesitan ser sustituidas por sinónimos.	

4 ¿Dónde sueles buscar más informaciones?

a ☐ Diccionarios impresos.
b ☐ Diccionarios en línea.
c ☐ Enciclopedias en línea.
d ☐ Sitios oficiales en internet.

5 ¿Qué has aprendido sobre fuentes de investigación que te puede ayudar a aprender más y mejor por tu cuenta?

_____
_____

MÁS CONTEXTOS

Nombre: _____ Clase: _____

Fecha: _____ / _____ / _____

> **Género textual: viñeta**
> Es un género de opinión cuya función es presentar de manera crítica los temas actuales, sobre todo los relacionados con cuestiones sociales y políticas. A diferencia de los cómics, que presentan una secuencia de varios recuadros, las viñetas suelen presentarse en un solo recuadro. Los cómics y las viñetas poseen algunas características semejantes: el dibujo, el texto verbal escrito en globos, el humor, etc. Las viñetas también se difunden en los medios de comunicación impresos y en línea.

1 Lee la viñeta y contesta las siguientes preguntas.

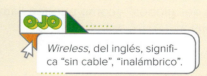

Wireless, del inglés, significa "sin cable", "inalámbrico".

a ¿Cuál es la crítica que se hace en la viñeta?
_____
_____

b ¿El texto del globo contribuye a la crítica? ¿Cómo?
_____
_____

c ¿A qué franja etaria crees que va dirigida esta viñeta?
_____
_____

ciento once 111

2 Señala la información falsa.

- a ☐ Actualmente los niños juegan poco con sus padres.
- b ☐ La mayoría de las actividades infantiles tradicionales presuponen movimientos físicos.
- c ☐ Los padres de hoy en día no saben lo que es una cometa.
- d ☐ Los juguetes como la bicicleta y los patines contribuyen a la salud de los niños.

3 Corrige la información falsa de la actividad anterior.
_____

4 Señala la opción correcta.

- a ☐ El autor de la viñeta utiliza una onomatopeya.
- b ☐ El globo de la viñeta corresponde al niño.
- c ☐ El género textual "viñeta" presenta temas actuales de nuestra sociedad.
- d ☐ El globo de la viñeta indica un pensamiento del padre.

5 Corrige las frases incorrectas de la actividad anterior.
_____
_____
_____

6 ¿Cuál es el estado de ánimo del padre? ¿Cómo se le nota?
_____
_____

7 Además de "globos", ¿cómo pueden llamarse los espacios donde se inserta lo que dicen los personajes?

- a ☐ Bocadillos.
- b ☐ Recuadros.
- c ☐ Cuadrillos.

8 ¿Cuáles son las diferencias y semejanzas entre el cómic y la viñeta?
_____
_____

9 En los ratos libres, ¿prefieres jugar con tus familiares, con los amigos o solo? ¿Y cuáles son tus juegos/juguetes favoritos? Si es necesario, consulta un diccionario.
_____
_____

MÁS CONTEXTOS

Nombre: _____ Clase: _____

Fecha: _____ / _____ / _____

🔺 **Género textual: descripción visual**
La descripción visual o audiodescripción es una forma de narración utilizada para describir imágenes a personas con discapacidad visual. Al explicarles qué aparece en las imágenes, es posible permitir que "vean" fotografías, memes, *gifs*, películas, videos, entre otras formas visuales de comunicación.

1 🎧 Cierra los ojos, escucha la grabación y contesta las preguntas.

a ¿Cómo piensas que es la foto descrita?
_____

b La imagen mental que creaste mientras escuchabas la grabación corresponde a una de las fotos de la página 74. ¿A cuál corresponde?
_____

c ¿Te habías fijado en todos los detalles de la imagen descritos en la grabación ¿De cuál(es) no te habías dado cuenta?
_____

d ¿Qué otros elementos añadirías a la descripción de la imagen?
_____

e ¿Ya habías escuchado una descripción visual? ¿Cuándo? ¿Dónde?
_____

f ¿Qué te parece la experiencia de escuchar la descripción visual de una foto?
_____

ciento trece 113

2 En parejas, un alumno hace la descripción visual de una de las imágenes a un compañero. Este tiene que descubrir a qué imagen se refiere. ¡Ojo! Se debe describir al niño físicamente y narrar su actitud. Luego cambien los papeles.

3 ¿Qué "dice" el cuerpo de cada niño de las imágenes? ¿Qué emociones expresan sus actitudes?

4 Contesta las preguntas a continuación.

   a ¿Conoces a algún discapacitado visual? En caso afirmativo, ¿cómo "ve" las cosas esa persona?

   b ¿Qué has aprendido sobre descripción visual que puede ayudarte a describir algo a un discapacitado?

114   ciento catorce

MÁS CONTEXTOS

Nombre: _____ Clase: _____

Fecha: _____ / _____ / _____

> 🔺 **Género textual: mensajería instantánea**
> En los inicios de internet, el chat era uno de sus principales atractivos. A lo largo del tiempo, ha evolucionado hasta llegar a su versión actual, la mensajería instantánea, que permite que los interlocutores, además de comunicarse por mensajes escritos, puedan compartir audios, imágenes, videos, archivos e incluso hacer videollamadas.

1 ¿Cómo se comunicaban las personas antes de internet y de los teléfonos inteligentes? Apunta tu respuesta.

_____

_____

2 🎧 Escucha los mensajes de voz intercambiados por medio de una aplicación de mensajería instantánea. Luego contesta las preguntas.

a ¿Qué necesitaron las chicas para enviar y recibir los mensajes de voz que escuchaste? Señala los ítems necesarios.

☐ Aparato electrónico (móvil, tableta, computadora) con micrófono y altavoz.
☐ Teclado.
☐ Cámara de fotos.
☐ Conexión a internet.
☐ Registro en una aplicación de mensajería instantánea.

b ¿Qué aplicación de mensajería instantánea pueden haber utilizado?

_____

ciento quince 115

3 🔊 Escucha otro mensaje de voz y luego lee la contestación. Después marca V (verdadero) o F (falso) en las afirmaciones.

a ☐ Las dos chicas envían mensajes de voz.
b ☐ Una se comunica por mensaje de voz; la otra, por mensaje de texto.
c ☐ La destinataria responde inmediatamente al mensaje.
d ☐ La destinataria tarda horas en contestar el mensaje.
e ☐ En la mensajería instantánea, a diferencia del chat, las dos personas no tienen que estar en línea al mismo tiempo.

4 Se dice que una imagen vale más que mil palabras. ¿En qué situación enviarías una foto o un video en lugar de solamente un mensaje de texto o de voz?

5 ¿Crees que la posibilidad de enviar mensajes en otros formatos, además del texto escrito, como audio e imagen (foto, video, *emojis*, GIF), contribuye a la inclusión de personas con algún tipo de discapacidad? Fundamenta tu respuesta.

6 En la unidad 7 leíste los resultados de una encuesta sobre los lugares preferidos de la casa. Ahora, ¡te toca a ti! Con la autorización de tus responsables y bajo su supervisión, elige a un compañero de clase para contarle, por mensaje de texto o voz, cuál es tu lugar favorito en casa. Descríbeselo y, a continuación, envíale una imagen o un pequeño video de ese ambiente.

CUADERNO DE ACTIVIDADES

Nombre: _____ Clase: _____

Fecha: _____ / _____ / _____

¡A EMPEZAR!

1 Lee el texto y contesta las preguntas.

LAS SINGULARIDADES DE LA LENGUA ESPAÑOLA Y DE SUS PUEBLOS

AMÉRICA: la gran mayoría de los hispanohablantes está en el continente americano.

MÉXICO: además de ser la nación con mayor número de hispanohablantes, es el país latinoamericano con más lugares declarados por la Unesco Patrimonio de la Humanidad.

CHILE Y ECUADOR: son los únicos países de América del Sur que no hacen frontera con Brasil.

DÍA MUNDIAL DE LA LENGUA ESPAÑOLA: se celebra el día 23 de abril. La elección de esta fecha se da en razón del aniversario de la muerte del gran escritor español Miguel de Cervantes.

COSTA RICA: en este país se suele usar la expresión "pura vida" para saludar a alguien o despedirse.

ARGENTINA: tiene una de las más importantes industrias cinematográficas del mundo hispanohablante.

BOLIVIA Y PERÚ: son los países que tienen, respectivamente, las mayores fronteras con Brasil.

APRENDER MEJOR
Fíjate en las palabras cognadas que pueden ayudarte a tener una comprensión general del texto.

a ¿Por qué el Día del Español se celebra el 23 de abril?
_____

b ¿En qué se destacan México y Argentina?
_____
_____

c ¿Qué informaciones se dan respecto a Brasil?
_____
_____

ciento diecisiete **117**

CAJÓN DE LETRAS Y SONIDOS

1 🎧046 Escucha las letras y apúntalas para descubrir las palabras del ahorcado.

A _____
B _____
C _____

2 Escribe la nacionalidad correspondiente a los países indicados.

Brasil _____ Paraguay _____ China _____ Marruecos _____ Panamá _____ Canadá _____ Nicaragua _____

3 Lee las frases e indica las nacionalidades.

- Cuenta a tus amigos de dónde eres y dónde vives.
- Mis padres y yo somos de Australia y vivimos en la capital.
- Mi hermana y yo somos de Rusia. Ella vive en el interior y yo, en la capital.
- Soy de Estados Unidos y vivo en el sur del país.
- Soy de Dinamarca, pero vivo aquí con una familia chilena.

4 🎧047 Completa las nacionalidades con las letras y dígrafos que faltan y pronúncialas.

ar__en__ino	__olivi__no	__ana__iense	____ino
dane__a	españ__l	__ranc__s	__uate__a__teco
__ond__re__o	__s__aelí	__apon__s	__eniano
me__icano	paragua__o	__uerto____i__ueño	__ene__olano

118 ciento dieciocho

CUADERNO DE ACTIVIDADES

Nombre: _____ Clase: _____
Fecha: _____ / _____ / _____

1. Encuentra los pronombres personales en español.

> país español **él** **ella** nacionalidad **vosotros** uno
> **ellas** gentilicio **vosotras** aprendizaje
> **nosotras** hablantes oficial **yo** vecino
> una **usted** lengua **ustedes** idioma nombre
> **vos** **nosotros** persona **ellos** extranjero **tú**

2. Indica los pronombres personales que se relacionan con cada uno de los personajes.

3. Reescribe las frases y sustituye los nombres en negrita por los pronombres personales correspondientes.

a **Marta** desea estudiar la cultura de los marroquíes.
_____

b **Carlos** conoce a muchos italianos.
_____

c **Eduardo y yo** aprendemos español aquí en Lima.
_____

d **Mari y Ana** hablan muy bien mandarín.
_____

e ¿**Tus compañeros y tú** viven junto con los alumnos ingleses?
_____

f **Andrés y su amigo** son cubanos y quieren viajar a Guinea Ecuatorial.
_____

ciento diecinueve 119

LENGUA EN USO

1 🎧 Escucha la grabación y ordena las frases.

☐ El alumno solicita al profesor que no hable tan rápido.
☐ Una chica pide a su compañera que le preste un bolígrafo.
☐ Una alumna pregunta a la profesora cómo se dice una palabra en español.
☐ Un alumno pregunta al profesor cómo se deletrea una palabra en español.

2 Observa las situaciones y escribe una pregunta y una respuesta en cada imagen.

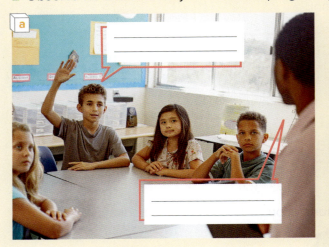

1 Clasifica los verbos de acuerdo con la persona.

> abraza   amo   aprende   bebéis   cantáis   comes
> escribimos   leo   llegas   necesitan   trabajamos   viven

APRENDER MEJOR
Para repasar los verbos regulares en Presente de Indicativo, puedes conjugar los verbos de la actividad en otras personas.

Yo:

Él/Ella/Usted:

Vosotros(as):

Tú:

Nosotros(as):

Ellos/Ellas/Ustedes:

2 Elige un verbo de cada persona de la actividad anterior y escribe una frase.

a Usted: _____
b Nosotros(as): _____
c Vosotros(as): _____

CUADERNO DE ACTIVIDADES

Nombre: _____ Clase: _____

Fecha: _____ / _____ / _____

3 Conjuga los verbos en Presente de Indicativo y completa las frases.

| beber   creer   difundir   partir   recibir   usar |

a Nosotros _____ de regalo este diccionario de polaco y lo _____ mucho.
b Los artistas peruanos hacen exposiciones en el país y _____ sus obras.
c ¿Vosotros _____ en la historia de esta película japonesa?
d Hoy nuestros primos salvadoreños _____ para la mayor aventura de sus vidas.
e Cuando juego al fútbol con mis amigos bolivianos, _____ mucha agua para hidratarme.

1 Lee el cartel y complétalo con las informaciones que faltan.

| +52 951 271-4389   Hierve el Agua   Monte Albán   Oaxaca de Juárez   Oficina de turismo |

OAXACA DE JUÁREZ

LA CIUDAD:

_____ es la capital del estado mexicano de Oaxaca. Tanto el municipio como la región a su alrededor ofrecen diversos e interesantísimos puntos turísticos a sus visitantes.

HISTORIA Y CULTURA: Ubicado a solamente 10 km de la capital del municipio, este atractivo es un sitio arqueológico que fue la capital de los zapotecas. Se pueden visitar las ruinas de las construcciones edificadas por este pueblo indígena prehispánico y maravillarse con su historia.

NATURALEZA: Este sitio se ubica a 70 km de la ciudad y está compuesto por un conjunto de formaciones de piedra que se asemejan a cascadas de agua petrificadas y por piscinas naturales.

¿QUIERES SABER MÁS SOBRE LA CIUDAD Y SUS ATRACTIVOS?

Tenemos guías y folletos informativos en nuestra oficina o te los enviamos por mensaje.

WhatsApp:

📍 _____ Calle Reforma, 510 – Oaxaca de Juárez

ciento veintiuno **121**

2 Contesta las siguientes preguntas sobre el texto.

   a ¿Cuáles son las principales características de este género textual?
   _____
   _____

   b ¿Cuál es el tema de este cartel de turismo?
   _____

3 Indica las semejanzas y las diferencias entre este cartel y el de la unidad.

Semejanzas	Diferencias

4 Marca V (verdadero) o F (falso).

   a ☐ Los dos puntos turísticos mencionados están dentro de la ciudad de Oaxaca de Juárez.
   b ☐ En Hierve el Agua se pueden conocer atractivos naturales, como piscinas formadas sin la intervención del hombre.
   c ☐ Monte Albán fue la capital de un pueblo indígena que vivió en la región.
   d ☐ Para recibir más guías o folletos turísticos, es imprescindible que el visitante vaya a la oficina.

5 ¿Te gustaría conocer los sitios mencionados en los carteles turísticos de esta unidad? En caso afirmativo, numéralos de acuerdo con tu preferencia. En caso negativo, fundamenta tu respuesta.

   a ☐ Hierve el Agua.
   b ☐ Monte Albán.
   c ☐ Oaxaca de Juárez.
   d ☐ Monumento Mitad del Mundo.
   e ☐ Parque Nacional Morrocoy.
   f ☐ Volcán Arenal.

¡AHORA TÚ!

1 Investiga y haz una lista de informaciones interesantes sobre tu ciudad con base en las categorías a continuación.

Puntos de interés	Naturaleza	Historia y cultura

2 Elabora un cartel digital o impreso con los datos e informaciones encontrados.

CUADERNO DE ACTIVIDADES

Nombre: _____ Clase: _____

Fecha: _____ / _____ / _____

¡A EMPEZAR!

APRENDER MEJOR
Antes de leer el texto, ojea rápidamente sus párrafos e intenta identificar su tema central.

1 Lee el texto y contesta las preguntas.

Reportaje

ASÍ SE SALUDAN... SIN TOCARSE

Diversas culturas han desarrollado formas de demostrar respeto sin contacto físico.

Namasté (India y Nepal) La historia del *pronam mudra* (gesto de palmas hacia arriba y apretadas) se remonta a miles de años atrás, según Divya L. Selvakumar, un hindú con orígenes en Tamil Nadu. El término sánscrito *namasté* se traduce como "hacer una reverencia ante ti", y el gesto se considera una señal de respeto y gratitud.

El *salaam* del islam Un saludo sin contacto puede ser el mejor punto de partida para respetar los valores culturales de quien se saluda. Por eso, se puede simplemente poner la mano derecha en el corazón, un símbolo importante en la tradición islámica, más que el cerebro o la mente, por considerarse el asiento del alma.

La reverencia japonesa "Las reverencias se originaron para mostrar la diferencia de clase, para que la persona que se inclinaba doblase el cuerpo para parecer más baja", dice Mika White, CEO de una empresa en Hiroshima. Ahora está permitido hacerla de pie. En el pasado, los japoneses vivían en casas con esteras de tatami y las reverencias se hacían desde una posición sentada.

Adaptado de: <https://viajes.nationalgeographic.com.es/a/saludos-mundo-sin-tocarse_15357/2>. Acceso el: 7 oct. 2020.

a ¿Qué tienen en común las formas de saludar mencionadas en el reportaje?
_____

b ¿Cuál es la forma de saludo común en India y Nepal? ¿Qué palabra la acompaña y cuál es su significado?
_____
_____

c ¿Cómo se saludan los islámicos sin contacto físico? ¿Por qué eligen esa parte del cuerpo?
_____
_____

d ¿Qué ha cambiado en la reverencia japonesa a lo largo del tiempo?
_____
_____

ciento veintitrés 123

CAJÓN DE LETRAS Y SONIDOS

1 Investiga y completa el crucigrama con los meses del año.

   a Es el mes más corto del año.
   b En este mes generalmente empiezan las vacaciones de verano en el hemisferio sur.
   c Se celebran las fiestas juninas en Brasil en este mes.
   d En este mes se celebran el Día del Niño y el Día del Profesor en Brasil.
   e Es el penúltimo mes del año.
   f Tiene treinta y un días y sucede a otro mes con la misma cantidad de días.
   g Está entre dos meses que tienen treinta y un días cada uno.
   h Es el primer mes del año.
   i El Día de la Madre se celebra en este mes en Brasil y en varios países hispanohablantes.
   j Este mes normalmente corresponde a las vacaciones de invierno en el hemisferio sur.
   k Sucede a un mes que tiene menos de treinta días.
   l En este mes empieza el otoño en el hemisferio norte.

2 Escucha y escribe en letras los números que se mencionan.

   a _____
   b _____
   c _____

3 Escucha la grabación y pon los signos de interrogación o exclamación en las frases.

   a Oye, __puedes decirme dónde está la biblioteca__
   b Mira, __qué lindos esos cuadros__
   c __Estoy tan feliz__ __Sabes por qué__ __Salgo hoy de vacaciones__
   d __Cuáles de estos zapatos prefieres__ __ A mí me gustan todos__

CUADERNO DE ACTIVIDADES

Nombre: _____ Clase: _____

Fecha: _____ / _____ / _____

¡ACÉRCATE!

1 Completa con los verbos "ser", "estar", "hacer" y "tener" en Presente de Indicativo.

a Niños, ¿qué _____ aquí? [hacer – vosotros]
b Fabricio, ¿_____ alumno del señor Gutiérrez? [ser – tú]
c Siempre que _____ un pastel, le llevo un pedazo a mi abuela. [hacer – yo]
d _____ española, de Madrid. ¿Y tú? [ser – yo]
e Mis hermanos _____ de vacaciones en la playa. [estar – ellos]
f No _____ el número de teléfono de Martín. ¿Puedes dármelo? [tener – yo]

2 Encuentra seis formas verbales en Presente de Indicativo.

V	I	E	M	P	X	Z	Q	A	U	D	F	B
C	F	G	Á	Y	N	M	E	S	Í	W	E	O
D	A	M	S	E	S	J	U	B	R	T	S	C
E	H	J	G	W	O	Q	N	H	É	Z	T	X
G	R	X	V	Ó	S	Q	W	M	U	L	Á	J
S	E	G	N	M	D	U	P	K	G	J	I	K
B	S	R	I	É	V	M	B	X	Z	G	S	E
I	T	I	E	N	E	N	O	R	R	G	B	L
Y	O	S	F	V	C	N	M	Ó	E	Y	X	N
F	Y	É	R	R	H	A	C	E	M	O	S	Ó
S	Á	V	B	M	H	T	R	N	É	D	W	Z

3 Lee el meme y complétalo con uno de los verbos de la actividad anterior.

¡BUENOS DÍAS!

¿QUÉ _____ DE BUENOS?

ciento veinticinco 125

LENGUA EN USO

1 Relaciona las columnas.

a ¿Cómo está?
b ¿Cuál es su edad?
c ¿De dónde son ustedes?
d Hola, ¿qué tal?
e Le presento al señor Molina.

☐ Bien, ¿y tú?
☐ Estoy bien, ¿y usted?
☐ Es un gusto conocerlo.
☐ Tengo veintinueve años.
☐ Somos de Montevideo.

2 Completa los diálogos con las expresiones del recuadro.

bien   buenos días   cómo se llama   cuántos años tenés
de dónde eres   de dónde es   es un gusto conocerla   esta es
hasta luego   hasta mañana   hola   me llamo   qué tal

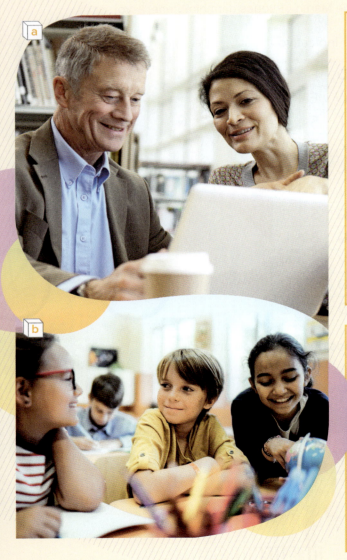

a
— _____, ¿es su primer día?
— ¿_____?
— Sí, es mi primer día. _____ Laura Ravel, ¿y usted?
— Soy Carlos Ruiz. _____, Sra. Ravel. ¿_____?
— Soy de Santiago. Y usted, ¿es de aquí?
— No, soy boliviano, pero vivo aquí hace años.

[Al final de la jornada...]

— Bueno, Sra. Ravel, nos vemos mañana. ¡_____!
— ¡_____, Sr. Ruiz!

b
— ¡Hola, Pepe! ¿_____?
— ¡_____, Mari! _____, ¿y tú?
— Muy bien. Mira, _____ Gabriela.
— Hola, Gabriela. ¿_____?
— Soy argentina. ¿_____?
— Tengo 12, ¿y tú?
— ¡Yo también!

126 ciento veintiséis

CUADERNO DE ACTIVIDADES

Nombre: _____ Clase: _____

Fecha: _____ / _____ / _____

¡ACÉRCATE!

1 Completa las frases con el verbo "llamarse" en Presente de Indicativo.

a Sos argentino, ¿verdad? ¿Cómo _____?

b Mis abuelos _____ Pedro y Catalina.

c _____ Leonardo y tengo catorce años.

d Tus amigos te dicen Nacho, así que _____ Ignacio, ¿verdad?

e Mi madre _____ María Teresa, pero le dicen Maite.

2 Transforma las frases utilizando el verbo "llamarse".

a El nombre de mi padre es Guzmán y el de mi madre es Pilar.

   Mis padres _____

b Mi nombre es Manuela.

   Yo _____

c Vuestros nombres son Héctor y Rosario.

   Vosotros _____

d El nombre de mi abuela es Anahí.

   Mi abuela _____

e Tu nombre es Guillermo.

   Tú _____

   Vos _____

3 Completa las preguntas con el interrogativo apropiado. Luego relaciónalas con las respuestas.

a ¿_____ vas con tanta prisa?

b ¿_____ estás preocupado?

c ¿_____ va a presentarse primero?

d ¿Me puede decir _____ tren debo tomar?

e ¿_____ dura el festival?

☐ Creo que unos tres días.

☐ El de las cuatro y media va hacia su barrio.

☐ Tengo una cita en el centro y ¡estoy atrasado!

☐ Puedo ser el primero, ¡estoy listo!

☐ Es que no me saqué una buena nota en la prueba...

APRENDER MEJOR

Escribe tus propios ejemplos con las palabras y expresiones que aprendiste y practícalos con tus compañeros de clase.

ciento veintisiete 127

CONTEXTOS

1 Lee el reportaje y contesta la pregunta del título.

¿SON GRACIOSOS LOS APODOS?

El apodo es una costumbre popular que parece no pasar de moda. Muchos se enfadan al recibir un apodo, otros lo ignoran y a algunos les gusta participar en la broma y tratar de inventar apodos también a quienes los apodaron. Lo cierto es que, para crearlos, hace falta ser creativo, y conviene tener respeto, aunque eso no siempre ocurre.

"Tratar a amigos o familiares usando apodos es una práctica que estimula el buen humor y hace más fuertes los lazos de amor y amistad", explica el psicólogo Roberto Sánchez. "Sin embargo, hay que cuidar de no ofenderlos ni causarles molestia".

Los apodos creados por la escritora española Elvira Lindo en la serie de libros *Manolito Gafotas* ciertamente le causan gracia al lector. En el propio título, que da nombre al personaje principal, ya se encuentra uno de los apodos, inspirado en las gafas que lleva el niño. Otros ejemplos son "el Imbécil" y "el Orejones", que corresponden al hermano y al amigo de Manolito. Pero si uno piensa en los sentimientos de esos niños si fuesen personas reales, tal vez valiese la pena darles unos consejos sobre empatía y respeto a quienes los inventaron.

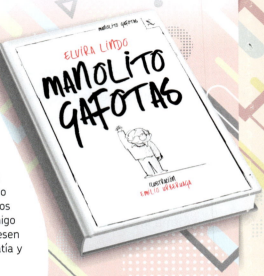

_____

2 Ahora contesta las siguientes preguntas sobre el reportaje.

a Según el texto, ¿cómo puede reaccionar una persona que recibe un apodo?
_____

b ¿Qué hace falta para crear un apodo? ¿Y qué se debe tener en cuenta al hacerlo?
_____

c Según el psicólogo entrevistado para el reportaje, ¿cuáles son los aspectos positivos del uso de apodos?
_____

d ¿Por qué el reportaje menciona la serie de libros *Manolito Gafotas*?
_____

e ¿Qué te parecen los apodos creados por la escritora de *Manolito Gafotas*? ¿Te gustaría leer esa serie de libros? ¿Por qué?
_____

¡AHORA TÚ!

1 La elección de las imágenes que acompañan un reportaje forma parte de la producción de los textos de ese género. Ayudan a ilustrar o contextualizar lo que se dice en la parte escrita del reportaje y, de esa manera, facilitan la comprensión del lector. Busca imágenes que puedan ilustrar el texto anterior de forma respetuosa.

CUADERNO DE ACTIVIDADES

Nombre: _____ Clase: _____

Fecha: _____ / _____ / _____

1 Antes de leer el texto de la actividad 2, observa sus principales elementos gráficos. Luego marca la(s) alternativa(s) correcta(s).

- a ☐ Es una novela impresa.
- b ☐ El texto fue escrito para ser publicado en un medio digital.
- c ☐ El texto es anónimo.
- d ☐ Se trata de un relato personal.

2 Ahora lee el texto y complétalo con las palabras del recuadro.

aula   biblioteca   clases   escuela   patio

Me llamo Felipe y me encantan los mangas y animes. Pronto voy a lanzar un libro con mis propias historias. Les cuento aquí cómo comenzó todo.

Después de mucho leer mangas y ver animes, empecé a copiar el dibujo de mis personajes preferidos en mis cuadernos y en cualquier hoja de papel que encontraba. No siempre salían parecidos y mi madre, viendo mi interés, resolvió anotarme en un curso de dibujo. El problema es que, como vivimos en una ciudad pequeña, no había ninguna _____ especializada cerca. Decidimos, entonces, buscar un curso a distancia, por internet. No sabía cómo funcionaba, pero me pareció fantástico. Mi dormitorio se volvió mi _____ y la pantalla de mi computadora me abrió las puertas para aprender a crear mis propios personajes. La plataforma que utilizamos cuenta con una _____ virtual en la que podemos consultar varios materiales sobre dibujo. Pensé que iba a echar de menos tener compañeros, pero cuando tenemos _____ síncronas, siempre nos quedamos a charlar un rato sobre nuestras producciones. Nos reímos y hacemos bromas, y me siento como en el _____ del colegio con mis nuevos amigos.

3 ¿En qué parte de la escuela sueles pasar más tiempo, además del aula/salón de clases? ¿Por qué?

_____

_____

ciento veintinueve   **129**

CAJÓN DE LETRAS Y SONIDOS

1 **Encuentra las definiciones y relaciona.**

a Además de gestionar el acervo de libros y otras publicaciones, este(a) profesional fomenta la lectura y facilita el acceso a la información.

b Espacio dedicado a la práctica de actividades físicas.

c Profesional que coordina todos los servicios educativos de una escuela.

d Sala en que tradicionalmente se imparten clases de variadas asignaturas.

e Este profesional actúa fuera del salón de clases junto a los estudiantes ejerciendo tareas que ayudan en el día a día escolar.

f Profesional responsable por la administración del colegio.

☐ El aula/salón de clases.   ☐ La cancha de deportes.   ☐ El/la bibliotecario(a).
☐ El/la director(a).   ☐ El/la bedel.   ☐ El/la jefe(a) de estudios.

2 **Observa las imágenes e identifica a qué parte de la escuela corresponden.**

3 🎧 **Escucha la grabación y marca los útiles escolares que se mencionan.**

4 **¿Y tú? ¿Sueles reaprovechar los útiles escolares de un año a otro? ¿Cuáles y por qué?**

_____
_____

CUADERNO DE ACTIVIDADES

Nombre: _____ Clase: _____

Fecha: _____ / _____ / _____

5 Completa la página de apertura del ambiente virtual de aprendizaje del colegio de Clara con las asignaturas que faltan.

6 Contesta: ¿cuál es tu asignatura preferida? ¿Por qué?
_____
_____

7 052 Escucha la grabación y marca sobre qué hablan las chicas.

a ☐ Hojas.   b ☐ Hemeroteca.   c ☐ Horarios.

1 Completa las frases con los verbos del recuadro.

hacer [nosotros]   poner [ellos]   salir [vosotros]   tener [nosotros]   traer [ella]   traer [yo]

a   Los lunes _____ clases de Ciencias y Educación Física.
b   Arturo y Gael, ¿a qué hora _____ los martes de la escuela?
c   Para hacer el trabajo de Arte, Marcela _____ el papel y yo _____ los rotuladores, ¿vale?
d   Paco y yo _____ gimnasia por la tarde.
e   Los alumnos _____ mucha atención a las explicaciones del profesor.

ciento treinta y uno **131**

2 Reescribe las siguientes frases con el sujeto indicado entre corchetes.

a Vengo a la escuela a pie. [Mario y yo]
___

b Mi hermana tiene clases de francés en el instituto. [yo]
___

c Siempre traigo una botella de agua retornable. [tú]
___

d Haces esta tarea y después sales con tus amigos. [yo]
___

e ¿Dónde pongo estas carpetas? [nosotros]
___

3 Relaciona un elemento de cada columna para armar frases coherentes.

a	Julio	salimos	a verte esta tarde.
b	Claudia y yo	hace	buenas noticias.
c	Tú	tienes	clases de artesanía.
d	Marco y Antón	traéis	que ayudar a Sofía.
e	Vosotros	vienen	tarde.

___
___
___
___
___

4 Ahora reescribe las frases de la actividad anterior en 1.ª persona del singular.

___
___
___
___
___

5 Completa el texto con los verbos indicados, conjugados en la 1.ª persona del singular del Presente de Indicativo.

_____ [venir] al cole caminando, pues vivo cerca. _____ [poner] mi mochila en el armario y voy al aula. _____ [tener] clases durante toda la mañana. Por la tarde, cuando hay clases de natación, almuerzo en el comedor y _____ [hacer] mis tareas en la biblioteca antes de ir a la piscina. Los otros días como en casa y solo _____ [traer] un bocadillo para la merienda.

CUADERNO DE ACTIVIDADES

Nombre: _____ Clase: _____

Fecha: _____ / _____ / _____

LENGUA EN USO

1 Marca V (verdadero) o F (falso) en cada una de las siguientes afirmaciones.

a ☐ Al dirigirme a un adulto desconocido para pedirle informaciones en la calle, debo utilizar el tratamiento informal, o sea, el pronombre "tú".

b ☐ Si uno habla con varias personas con quienes tiene confianza y proximidad, puede utilizar el pronombre "ustedes".

c ☐ No se puede usar el pronombre "vos" para pedirle ayuda a un compañero de clase.

2 Ahora corrige las alternativas falsas de la actividad anterior.

_____
_____
_____

3 Apunta si se trata de una situación formal (F) o informal (I).

4 🔊 053 Ahora escucha los diálogos y confirma tus respuestas. Luego extrae de la grabación una información que compruebe tu respuesta.

a _____
b _____

¡ACÉRCATE!

1 Haz un círculo alrededor de la respuesta correcta.

a Tengo clases de Español **los / unos** martes y jueves.

b **Lo / El** Director del Instituto se llama Ernesto García.

c Creo que voy a comprar **las / unas** carpetas coloridas para guardar **las / los** hojas que usamos en **las / unas** clases de Arte.

d **Los / Unos** viernes tengo clase de circo y, por eso, me quedo en **la / una** escuela hasta más tarde.

ciento treinta y tres 133

2 Completa el texto con los artículos y preposiciones que faltan. ¡Ojo con las contracciones!

Me llamo Antonio y soy el bedel _____ 6.º año. Trabajo en escuelas desde siempre y aquí tengo _____ pequeña sala _____ lado _____ pasillo principal. Desde ella puedo ver _____ parte _____ patio y _____ salones de clase. Cuando llego _____ colegio, _____ chicas de _____ limpieza ya han arreglado todo para _____ clases, pero siempre encuentro _____ u otra mochila perdida. Guardo todos _____ objetos que encuentro, pues sé que _____ alumnos vienen a buscarlos. En mis horarios libres me gusta ir _____ biblioteca a leer un poco.

CONTEXTOS

1 Identifica cada una de las partes que componen un artículo de diccionario.

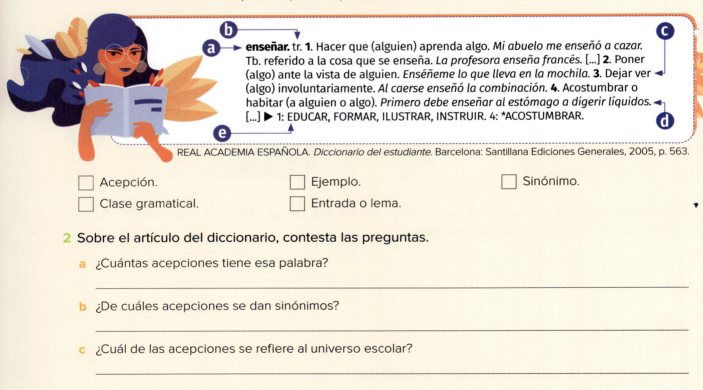

a → **enseñar.** tr. **1.** Hacer que (alguien) aprenda algo. *Mi abuelo me enseñó a cazar.* Tb. referido a la cosa que se enseña. *La profesora enseña francés.* [...] **2.** Poner (algo) ante la vista de alguien. *Enséñeme lo que lleva en la mochila.* **3.** Dejar ver (algo) involuntariamente. *Al caerse enseñó la combinación.* **4.** Acostumbrar o habituar (a alguien o algo). *Primero debe enseñar al estómago a digerir líquidos.* [...] ▶ 1: EDUCAR, FORMAR, ILUSTRAR, INSTRUIR. 4: *ACOSTUMBRAR.

b — entrada/lema **c** — ejemplo **d** — sinónimo **e** — referencia

REAL ACADEMIA ESPAÑOLA. *Diccionario del estudiante.* Barcelona: Santillana Ediciones Generales, 2005, p. 563.

☐ Acepción. ☐ Ejemplo. ☐ Sinónimo.
☐ Clase gramatical. ☐ Entrada o lema.

2 Sobre el artículo del diccionario, contesta las preguntas.

a ¿Cuántas acepciones tiene esa palabra?
_____

b ¿De cuáles acepciones se dan sinónimos?
_____

c ¿Cuál de las acepciones se refiere al universo escolar?
_____

¡AHORA TÚ!

1 Elige una de tus asignaturas y elabora artículos de diccionario para tres de los términos más importantes que se utilizan en ella.

CUADERNO DE ACTIVIDADES

Nombre: _____ Clase: _____

Fecha: _____ / _____ / _____

1 Lee el texto y contesta las preguntas.

El Día Internacional de las Familias

El Día Internacional de las Familias se celebra el 15 de mayo de cada año para crear conciencia sobre el papel fundamental de las familias en la educación de los hijos desde la primera infancia y las oportunidades de aprendizaje permanente que existen para los niños, las niñas y los jóvenes.

El concepto de familia se ha transformado en las últimas décadas, evolucionando de acuerdo con las tendencias mundiales y los cambios sociales.

En el siglo XXI la composición de la familia "tradicional" ha dado lugar a nuevas formaciones familiares. Lo que todas tienen en común es que son diferentes.

Adaptado de: <www.un.org/es/observances/international-day-of-families>. Acceso el: 10 oct. 2020.

APRENDER MEJOR

Al leer un texto, hazlo pausadamente, identifica el tema central con base en el título y/o subtítulo, apunta las informaciones principales de cada párrafo y consulta un diccionario si es necesario.

a ¿Cuándo se celebra el Día Internacional de las Familias?
_____

b ¿Por qué se celebra el Día Internacional de las Familias?
_____
_____

2 Marca V (verdadero) o F (falso) de acuerdo con el texto.

a ☐ El concepto de familia no ha cambiado en las últimas décadas.

b ☐ La evolución del concepto de familia ha acompañado las tendencias mundiales.

c ☐ Todas las familias tienen la misma composición.

ciento treinta y cinco 135

CAJÓN DE LETRAS Y SONIDOS

1 Escucha la grabación en que Cristina habla con el organizador de la fiesta de cumpleaños de su hija Luna y contesta las preguntas.

APRENDER MEJOR

Fíjate en la pronunciación de la palabra "lástima" y después practica la pronunciación de las palabras que contengan la letra "t".

a ¿Quiénes no vendrán a la fiesta de cumpleaños de Luna?
- ☐ Sus amigas del actual colegio.
- ☐ Sus amigas del colegio anterior.
- ☐ Sus abuelos maternos.
- ☐ Los bisabuelos de Cristina.

b ¿Quién aún no ha confirmado presencia?
_____

c ¿Cuántos años va a cumplir Luna?
_____

2 Encuentra nueve miembros de la familia en la sopa de letras.

H	L	A	B	I	R	E	F	A	T	E	B	U	N	T	I	C	N
C	E	T	E	N	B	R	T	A	L	A	Í	C	E	A	T	I	U
F	B	R	G	E	F	A	P	R	I	M	A	L	E	T	E	V	E
M	E	U	M	M	D	E	N	E	B	U	L	A	V	A	L	E	R
M	I	R	T	A	S	A	D	Y	C	A	T	A	R	R	E	U	A
E	L	O	V	D	N	F	G	D	E	B	E	L	I	A	V	T	N
S	L	E	Í	R	G	A	A	V	S	R	Y	R	E	B	R	V	I
P	A	N	T	E	V	O	S	I	H	O	N	S	T	U	C	A	L
O	F	A	T	O	V	E	N	T	L	I	L	O	M	E	I	U	T
S	D	U	D	E	G	A	L	E	R	D	E	D	I	L	Z	B	Í
A	S	O	D	E	L	I	S	T	E	A	N	E	Y	A	A	E	O
B	I	N	O	R	G	U	I	Q	U	A	N	T	E	F	L	L	V
F	P	A	D	R	E	A	A	D	O	P	T	I	V	O	R	U	O

3 Relaciona las columnas.

a Me parezco al **padre de mi padre**.
b **Tu madre tiene un hijo más**, ¿verdad?
c **El padre de mi abuelo** murió en 1990.
d La **hija de mi madrastra** se fue a Machu Picchu y le encantó.
e **Mi madre se casó por la segunda vez** en diciembre; **su marido** es puertorriqueño.

- ☐ Padrastro.
- ☐ Hermano.
- ☐ Abuelo paterno.
- ☐ Bisabuelo.
- ☐ Hermanastra.

4 Completa las frases con la situación de pareja más adecuada.

casado novia novio pareja prometido separados soltera viudo

a ¿Eres _____, Julio?
b Estoy _____.
c Soy _____ desde hace 5 años.
d ¿Tienes _____?
e ¿Sois _____?
f ¡Olvídalo! Está _____.
g ¿Estás de _____?
h Juan y Bea están _____.

136 ciento treinta y seis

CUADERNO DE ACTIVIDADES

Nombre: _____ Clase: _____

Fecha: _____ / _____ / _____

¡ACÉRCATE!

1 Completa las frases conjugando los verbos en Presente de Indicativo.

> conocer   crecer   dar   ir   parecerse (2 veces)

a _____ a vuestros padres. [vosotros]

b _____ al cumpleaños de mi primo Álvaro en metro; es más rápido. [yo]

c ¡Tu hermano y tú _____ a una velocidad tremenda! [ustedes]

d Yo, por mi familia, lo _____ todo.

e _____ a mi tatarabuelo paterno. [yo]

f ¿_____ a la novia de Javi? [vosotros]

2 Además de "parecerse", ¿qué otro verbo podemos utilizar para decir que una persona se asemeja a algún familiar? Ejemplifica tu respuesta elaborando una frase.

_____

_____

3 Completa el crucigrama conjugando los verbos destacados en la 1.ª persona del plural.

a ¿**Conocés** a la familia del novio?

b ¿Le **doy** el teléfono de tu madre?

c **Sigo** viviendo en Venezuela.

d ¿**Medís** el espacio para guardar las cajas?

e Mi madre dice que los bebés **crecen** muy rápido.

f **Piden** con frecuencia ir a la casa de los abuelos.

g ¿**Vas** a la boda de Gerardo?

ciento treinta y siete **137**

LENGUA EN USO

1 🔊 Escucha la grabación y completa el diálogo con los miembros de la familia.

Paqui: Hola, Maribel, ¿qué tal?
Maribel: Bien, Paqui, ¡muy bien! ¿Y tú?
Paqui: ¡Bien, también! ¿Los que te trajeron a la escuela son tus _____?
Maribel: ¡No, no! El que estaba conduciendo es mi _____ y la chica es su _____. Y a ti, ¿quién te acerca al cole?
Paqui: Vengo con mi _____ y su _____.

2 Comenta con un compañero quién te trae al colegio y pregúntale quién lo acerca.

1 Escribe la forma femenina de los sustantivos.

   a El bisabuelo paterno: _____.
   b El tío: _____.
   c El prometido: _____.
   d El hijo: _____.
   e El padre: _____.
   f El rey: _____.
   g El actor: _____.
   h El hijastro: _____.

2 Escribe la forma masculina de los sustantivos.

   a La emperatriz: _____.
   b La alcaldesa: _____.
   c La nuera: _____.
   d La suegra: _____.
   e La viuda: _____.
   f La periodista: _____.
   g La abuela materna: _____.
   h La paquistaní: _____.

CUADERNO DE ACTIVIDADES

Nombre: _____ Clase: _____

Fecha: _____ / _____ / _____

3 Señala la opción de sustantivos cuyo plural se forma agregando la "-s" al final.

a ☐ Nieto; árbol; aprendiz; familia; pariente.

b ☐ Nieta; hermanastro; esposa; hijo; madre.

c ☐ Deportista; familiar; marido; tía; luz.

4 Escribe el plural de los sustantivos.

a Rubí: _____.
b Paraguas: _____.
c Autobús: _____.
d Aprendiz: _____.
e Tabú: _____.
f Análisis: _____.
g Bambú: _____.
h Actriz: _____.

5 Subraya los posesivos tónicos.

a Mi hermano y yo nos prestamos la ropa y ya no sabemos cuáles son las suyas y cuáles son las mías.

b ¡Finalmente llegaron mis primas! Son tan divertidas como las tuyas, ¡ya verás!

c Aquel es mi novio y el que está a su lado es un amigo suyo.

d ¿Sus tíos vendrán a la cena? Los míos, sí.

e ¡Marina, hija! Mira cuántos zapatos en el piso. Recoge los tuyos.

f Apunta en este listado los nombres de tus invitados al lado de los míos.

g Mis padres son tan amables como los vuestros.

6 Completa con los posesivos átonos.

a Yo: _____ hermano.
b Tú: _____ tías.
c Usted: _____ padres.
d Vos: _____ suegros.
e Nosotros: _____ tatarabuelos.
f Vosotros: _____ hijo.
g Ellos: _____ primos.
h Ella: _____ hijastro.

7 Relaciona las columnas de acuerdo con los posesivos adecuados.

a _____ vecinos están conmemorando el aniversario de diez años de su boda.

b ¡Cariño _____!

c Quería cambiar nuestra habitación por la _____, ¿os parece bien?

d _____ casa necesita algunos reparos.

e ¡_____ abuelos son muy amables!

f Mis parientes viven muy lejos de los _____.

☐ mis
☐ mío
☐ sus
☐ tuyos
☐ vuestra
☐ nuestra

ciento treinta y nueve 139

CONTEXTOS

APRENDER MEJOR

La lectura de cómics y viñetas debe abarcar todo lo que compone estos géneros: las imágenes, los textos, el contexto, los bocadillos, etc.

1 Lee el cómic y contesta las preguntas.

a ¿Cuál es el tema principal del cómic?
_____

b ¿A qué franja etaria crees que está dirigido el cómic?
_____

c En tu opinión, ¿cuál es la crítica o el mensaje del cómic?
_____
_____
_____
_____

2 Sobre el cómic, marca V (verdadero) o F (falso).

a ☐ A la señora de pelo recogido le parece extraño que la otra tenga un hijo de cinco años.

b ☐ El autor no utiliza onomatopeyas.

c ☐ Todos los bocadillos expresan lo que dicen los personajes.

1 Crea un cómic o una viñeta con las características a continuación.

Tema: familia.
Bocadillos: de pensamiento y de habla.
Franja etaria: jóvenes y adultos.

2 Comparte tu cómic o viñeta con los demás compañeros y cuéntales cuál fue tu objetivo, qué has querido exponer o criticar y qué te ha parecido el proceso de elaboración.

CUADERNO DE ACTIVIDADES

Nombre: _____ Clase: _____

Fecha: _____ / _____ / _____

1 Lee el texto y contesta las preguntas.

APRENDER MEJOR

Antes de leer el texto, fíjate en el título y en la imagen.

LA ACTIVISTA JUVENIL GRETA THUNBERG

"ME SIENTO ORGULLOSA DE TENER ESPECTRO AUTISTA"

La **activista** adolescente reconoce que **tener síndrome de Asperger**, un **tipo de trastorno del espectro autista** (TEA), **tiene sus dificultades: ha padecido depresiones, desequilibrios emocionales y ansiedad**. Sin embargo, le **ha dado "superpoderes"** para iniciar su movimiento que se hizo mundialmente conocido.

Algunas de las características del **síndrome de Asperger** son la dificultad para relacionarse con los demás o la perseverancia que lleva a las personas con este espectro a hacerse expertas en un tema. Greta asegura que son precisamente estas características **las que la llevaron a manifestarse sola todos los viernes frente al Parlamento sueco para pedir políticas a favor del medioambiente.**

La joven **demanda que las sociedades "abracen" las diferencias** porque, según remarca, se necesitan "personas que piensen fuera del molde". La activista ha querido explicar que su diagnóstico ha sido clave para empezar su campaña medioambiental.

Basado en: <www.republica.com/2019/04/02/greta-thunberg-autista/#>.
Acceso el: 9 sept. 2020.

a ¿Qué aspectos de la personalidad de Greta se ven en la imagen?
_____

b Según el texto, ¿qué características marcan la personalidad de Greta?
_____

c ¿De qué forma el hecho de tener síndrome de Asperger influyó en la vida de Greta?
_____

ciento cuarenta y uno 141

CAJÓN DE LETRAS Y SONIDOS

1 Encuentra 10 palabras respecto a las partes del cuerpo y del rostro.

2  Escucha la adivinanza y haz un círculo alrededor de la respuesta correcta.

el ajo   el animal   la pelota

¡ACÉRCATE!

1 Conjuga los verbos en Presente de Indicativo para completar el crucigrama.

- a empezar – yo
- b divertirse – ellos
- c devolver – yo
- d jugar – vosotras
- e poder – yo
- f volver – tú
- g dormir – nosotras
- h soñar – ustedes
- i jugar – tú
- j confesar – él

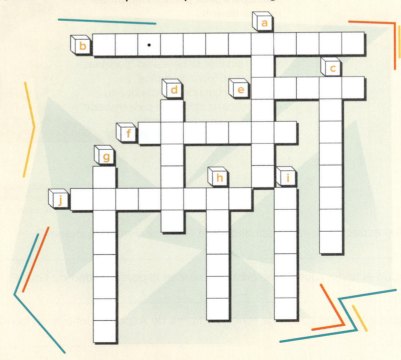

142   ciento cuarenta y dos

CUADERNO DE ACTIVIDADES

Nombre: _____ Clase: _____

Fecha: _____ / _____ / _____

2 Completa la frase con uno de los verbos de la actividad anterior.

Yo sé muy bien quién soy y quién _____ ser si así lo elijo.

APRENDER MEJOR

Amplía tus conocimientos con los ejemplos y actividades. Investiga sobre Don Quijote y Sancho Panza.

3 Transforma las frases teniendo en cuenta los sujetos que se indican entre paréntesis.

Ejemplo: **Prefiero** ir temprano al *gym*. (Laura y Sofía)
Laura y Sofía **prefieren** ir temprano al *gym*.

a Mis hermanos **están** cansados porque **duermen** poco. (yo)
_____

b Siempre que **jugamos** al balonmano, **estiramos** los brazos y las piernas. (tú)
_____

c **Siento** mucho cansancio; será por la clase de pilates de ayer. (vosotras)
_____

d Lucas no **puede** evitar desviar la mirada cuando **habla**. (los chicos)
_____

LENGUA EN USO

1 057 Escucha la grabación y apunta el nombre de las personas en la imagen.

ciento cuarenta y tres 143

2 Describe a las personas de las imágenes.

¡ACÉRCATE!

1 Completa con "e", "y", "o" o "u".

	Adición	Alternativa
a	tímida _____ introvertida	ojos _____ orejas
b	madrastra _____ hijastra	espalda _____ hombro
c	boca _____ dientes	dedos _____ uñas
d	seria _____ intranquila	claros _____ oscuros
e	alegre _____ extrovertida	baja _____ alta
f	joven _____ hindú	paquistaní _____ iraní

APRENDER MEJOR

Repasa los contenidos gramaticales organizándolos en listas y/o mapas mentales.

2 Pasa las siguientes palabras al género opuesto.

  a La alumna israelí: _____.
  b La adolescente rubia: _____.
  c El profesor hindú: _____.
  d La prima detallista: _____.
  e La mujer fiel: _____.
  f El vecino dormilón: _____.

3 Cambia el número (singular o plural) de las palabras.

  a La alumna israelí: _____.
  b La adolescente rubia: _____.
  c Los profesores hindúes: _____.
  d La prima detallista: _____.
  e La amiga fiel: _____.
  f Los vecinos dormilones: _____.

CUADERNO DE ACTIVIDADES

Nombre: _____ Clase: _____

Fecha: _____ / _____ / _____

1. Escribe una leyenda en cada imagen para describir a las personas y sus expresiones.

a

b

_____
_____

c

d

_____
_____

ciento cuarenta y cinco | 145

1 Elige tres personas de la imagen a continuación y describe sus rasgos y actitudes. ¿Qué nos dicen con el cuerpo?

146 ciento cuarenta y seis

CUADERNO DE ACTIVIDADES

Nombre: _____ Clase: _____

Fecha: _____ / _____ / _____

1 Lee el texto y marca V (verdadero) o F (falso).

Basado en: <http://partesde.com/casa/>. Acceso el: 12 oct. 2020.

- **a** ☐ Una de las funciones de una casa es protegernos de los fenómenos meteorológicos.
- **b** ☐ Una casa y un hogar son lo mismo.
- **c** ☐ Una casa es solo un lugar físico.
- **d** ☐ Un hogar es el lugar del cual nos sentimos parte.

2 Escribe el nombre de las partes de la casa que se mencionan en el texto.

- **a** Cuarto para dormir: _____.
- **b** Cuarto para estar: _____.
- **c** Cuarto para asearse: _____.
- **d** Cuarto para cocinar: _____.
- **e** Cuarto para lavar la ropa: _____.
- **f** Cuarto para estacionar vehículos: _____.

ciento cuarenta y siete 147

CAJÓN DE LETRAS Y SONIDOS

1 Relaciona los tipos de vivienda con su definición.

- **a** Un piso/departamento es
- **b** Un ático es
- **c** Un estudio es
- **d** Una granja es

- [ ] una casa de campo con huerta y animales.
- [ ] cada una de las viviendas de un edificio.
- [ ] el último piso de un edificio.
- [ ] un pequeño piso con salón, dormitorio y cocina en un único espacio.

2 Relaciona los muebles y objetos con la parte de la casa donde habitualmente están.

a Cocina.   **b** Salón.   **c** Dormitorio.   **d** Baño.

- [ ] Cama.
- [ ] Lavabo.
- [ ] Ducha.
- [ ] Inodoro.
- [ ] Sofá.
- [ ] Fregadero.
- [ ] Mesita de noche.
- [ ] Sillón.

3 Escribe el nombre de los útiles y electrodomésticos que aparecen en las imágenes.

4 🎧 58 Escucha y adivina. Luego lee en voz alta la adivinanza.

*Lava, lava, lava
las vajillas y los platos.
Lava, lava, lava
los cubiertos y los vasos.
¿Quién es?*

148 ciento cuarenta y ocho

CUADERNO DE ACTIVIDADES

Nombre: _____ Clase: _____
Fecha: _____ / _____ / _____

1 Reescribe las frases y sustituye los verbos destacados por "haber" o "tener".

a En mi edificio **existen** una piscina y un bonito jardín.
_____

b Aquella casa es muy grande, **posee** cuatro dormitorios y tres baños.
_____

c Los ambientes **poseen** una decoración clásica y de color neutro.
_____

d En mi barrio **existe** un gran parque donde juego con mis hermanos.
_____

2 Completa el diálogo con los verbos "haber", "estar" y "tener" en Presente de Indicativo.

Agente inmobiliario:
Esta casa _____ dos pisos. En el primero _____ el salón, el comedor y la cocina. Los dormitorios y los baños _____ en el segundo piso.

Cliente: ¿Los baños _____ bañera?

Agente inmobiliario:
No, los dos baños _____ ducha.

Cliente: ¿Y cómo es el barrio?

Cliente: ¿Y _____ un lavadero?

Agente inmobiliario:
Sí, detrás de la casa _____ un patio con lavadero.

Agente inmobiliario:
Tranquilo y seguro. Además, _____ bien comunicado porque _____ una estación de metro y una parada de autobuses cerca de aquí.

3 Elige la imagen que se relaciona con el diálogo de la actividad anterior y explica el porqué. Explica también por qué las otras dos no corresponden.

_____   _____   _____
_____   _____   _____

ciento cuarenta y nueve | 149

LENGUA EN USO

1 🔊059 Escucha el anuncio de dos viviendas turísticas en Costa Rica. Luego lee las descripciones y marca 1 en las que se refieren a la primera vivienda y 2 a la segunda.

a ☐ Es un estudio, ideal para una o dos personas.

b ☐ Es una casa con dos pisos, muy cerca de la playa Negra.

c ☐ Tiene dos dormitorios, uno de ellos con baño privado.

d ☐ Tiene jardín y todos los ambientes tienen ventilador.

e ☐ Está cerca de tiendas y restaurantes.

f ☐ Está equipada con cocina completa, televisión, aire acondicionado e internet.

2 ¿Cómo es tu vivienda? Describe qué tipo de vivienda es, cómo son sus partes y su mobiliario.

_____
_____
_____
_____
_____
_____
_____
_____

1 Elige las opciones correctas.

Una casa **es / está** una construcción de paredes y vigas, pero también **es / está** el espacio donde descansamos, almacenamos comida y nos sentimos seguros. Una casa debe ser un hogar, un lugar donde **somos / estamos** más felices, donde **es / está** nuestro corazón.

CUADERNO DE ACTIVIDADES

Nombre: _____ Clase: _____
Fecha: _____ / _____ / _____

2 Completa el texto con los verbos "ser" y "estar".

Vivo en un departamento en el centro de Buenos Aires, ciudad que _____ la capital de Argentina. Los principales puntos turísticos y comercios _____ cerca de mi casa. Si necesito ir lejos, puedo desplazarme con facilidad, porque _____ al lado de una estación de subte y en poco tiempo cruzo la ciudad. Uno de mis lugares favoritos en Buenos Aires _____ el Parque de los Niños, que _____ al norte de la ciudad y _____ ideal para disfrutar en familia. Allí, hay árboles, mesas para picnic y una vista privilegiada del Río de la Plata. Durante el verano, hay playas artificiales de arena con sombrillas y me siento como si estuviese en una casa de playa. Amo mi departamento y mi ciudad porque aquí _____ mi familia y amigos, y con ellos ¡ _____ feliz!

3 En el texto de la actividad anterior, haz un círculo alrededor de los adverbios de lugar.

4 Escribe el adverbio de lugar opuesto.

a Afuera: _____.
b Abajo: _____.
c Cerca: _____.
d Delante: _____.

5 Completa las frases con los adverbios del recuadro.

abajo   adelante   aquí   atrás   lejos

a Me gusta mucho vivir _____, es un barrio bastante seguro y tranquilo.
b En los autos los niños no deben sentarse _____, sino _____.
c El baño está _____, tienes que bajar las escaleras.
d Mi amigo vive _____, tiene que levantarse a las 05.00 para ir a la escuela.

ciento cincuenta y uno 151

CONTEXTOS

1 Lee el intercambio de mensajes en un chat entre un turista y una recepcionista y contesta las preguntas.

> Este es el servicio central de Paradores de Turismo de España. ¿Podemos ayudarle?

> Hola, soy Carlos. Busco información sobre el Parador de Cáceres. ¿Es verdad que puedo dormir en un palacio que es Patrimonio de la Humanidad?

> Sí, precisamente. El Parador de Cáceres está situado en Cáceres, Extremadura. Tiene habitaciones con calefacción y televisión, además de un restaurante con vista al jardín.

> ¡Increíble!

a ¿Qué lugar despierta la curiosidad y el interés del turista?
_____

b ¿Qué información es la más importante para el turista?
_____

¡AHORA TÚ!

1 El Parador de Cáceres es un parador turístico, un edificio histórico de España en el cual los viajeros pueden alojarse. Busca un parador que te interese, lee la información sobre él y completa el siguiente chat.

> Este es el servicio central de Paradores de Turismo de España. ¿Podemos ayudarle?

> Hola, soy _____. Busco información sobre el Parador de _____.

> El Parador de _____ está situado en _____.
> Tiene _____.

> ¡Increíble!

152 ciento cincuenta y dos

PROYECTO DE VIDA
DESDE EL ESPAÑOL
IDENTIDAD

Dicionário Santillana para estudantes

4.ª edición + aplicación

Miguel Díaz y García-Talavera

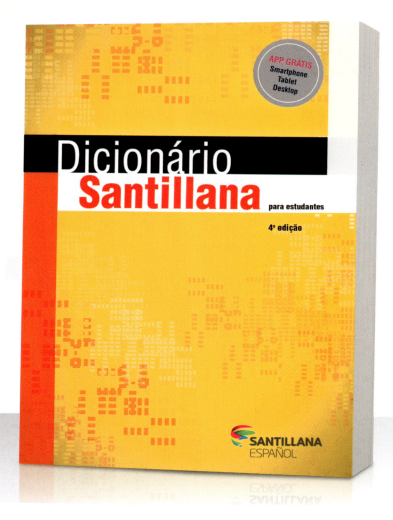

Presenta todas las herramientas necesarias para las consultas de los estudiantes brasileños de español de nivel iniciante a intermedio, con más recursos en esta 4.ª edición, totalmente actualizada y revisada de acuerdo con las reformas ortográficas de la lengua portuguesa y del español.

Para otros productos **Santillana Español**, accede a nuestro catálogo en línea disponible en: <**www.santillanaespanol.com.br**>.

PRESENTACIÓN

En este volumen vas a estudiar qué es un proyecto de vida, qué se entiende por competencias socioemocionales y cuáles son. Entonces, vas a determinar, a partir de tus raíces y de quién eres, cuáles son tus sueños, qué debes hacer para realizarlos y en quién te puedes inspirar para lograrlos, estableciendo, finalmente, el punto al que quieres llegar por ese camino que trazaste y las competencias que debes desarrollar en ti mismo para alcanzar tus objetivos.

CONOCE LOS ÍCONOS DEL MATERIAL

Este ícono indica que debes realizar la **actividad en grupo**.

Este ícono indica que debes **compartir información** con tus compañeros.

Este ícono indica que debes **reflexionar sobre el tema** propuesto junto con tu profesor y compañeros.

Este ícono indica que vas a realizar una **actividad de producción** que contempla el contenido trabajado.

Dirección editorial: Sandra Possas
Edición ejecutiva de español: Izaura Valverde
Edición ejecutiva de producción y multimedia: Adriana Pedro de Almeida
Coordinación de arte y producción: Raquel Buim
Coordinación de revisión: Rafael Spigel
Edición de texto: Angela Cristina Costa Neves
Elaboración de contenido: María Alicia Manzone Rossi
Corrección: Camilla Bazzoni de Medeiros
Revisión: Elaine Viacek, Emarize H. do Prado, Manuel Quilarque, Sheila Folgueral, Simone Garcia, Vinicius Oliveira
Proyecto gráfico: João Negreiros, Karina de Sá
Edición de arte: João Negreiros
Maquetación: Casa de Ideias
Cubierta: João Negreiros, Rafael Gentile
Diseños especiales: João Negreiros, Raquel Coelho
Portal Educacional Santillana: Priscila Oliveira Vieira (edición de contenido), Maria Eduarda Pereira Scetta (curaduría de contenido)
Captura de fotos: Sara Alencar, Bianca Melo, Paloma Klein
Coordinación de *bureau*: Rubens M. Rodrigues
Tratamiento de imágenes: Ademir Francisco Baptista, Joel Aparecido, Luiz Carlos Costa, Marina M. Buzzinaro, Vânia Aparecida M. de Oliveira
Preimpresión: Alexandre Petreca, Everton L. de Oliveira, Fabio Roldan, Marcio H. Kamoto, Ricardo Rodrigues, Vitória Sousa

Todos los sitios web mencionados en esta obra se reprodujeron solo para fines didácticos. Santillana Español no tiene control sobre su contenido, el que se verificó cuidadosamente antes de su utilización.

Todos os *sites* mencionados nesta obra foram reproduzidos apenas para fins didáticos. A Santillana Español não tem controle sobre seu conteúdo, o qual foi cuidadosamente verificado antes de sua utilização.

Aunque se hayan tomado todas las medidas para identificar y contactar a los titulares de los derechos de los materiales reproducidos en esta obra, no siempre ha sido posible. La editorial se dispone a rectificar cualquier error de esta naturaleza siempre y cuando se lo notifiquen.

Embora todas as medidas tenham sido tomadas para identificar e contatar os detentores de direitos autorais sobre os materiais reproduzidos nesta obra, isso nem sempre foi possível. A editora estará pronta a retificar quaisquer erros dessa natureza assim que notificada.

Impresión: Log&Print Gráfica e Logística S.A.
Lote: 768432
Código: 120002083

Reprodução proibida. Art. 184 do Código Penal e Lei 9.610 de 19 de fevereiro de 1998.
Todos os direitos reservados.

SANTILLANA ESPAÑOL
EDITORA MODERNA LTDA.
Rua Padre Adelino, 758 — Belenzinho
São Paulo — SP — Brasil — CEP 03303-904
www.santillanaespanol.com.br
2023
Impresso no Brasil

Crédito de las fotos
Imagen de la cubierta: miakievy/Istockphoto
Tercera portada: WK-Production/Getty Images; p. 4: simonapilolla/iStock/Getty Images Plus; p. 6: gilas/iStock/Getty Images; fizkes/iStock/Getty Images; gilas/iStock/Getty Images; (a) visualspace/iStock/Getty Images; (b) fizkes/iStock/Getty Images; (c) supersizer/Getty Images; p. 8: Serhii Brovko/Istockphoto; Rainer Lesniewski/Shutterstock; p. 10: (a) FatCamera/Getty Images; (b) fstop123/Getty Images; (c) kali9/Getty Images; (d) fstop123/iStock/Getty Images; (e) Wavebreakmedia/iStock/Getty Images; (f) Eva-Katalin/iStock/Getty Images; (g) Zinkevych/iStock/Getty Images; (h) Yelizaveta Tomashevska/iStock/Getty Images; (i) Renphoto/iStock/Getty Images; p. 12: (a) skynesher/Istockphoto; (b) lzf/Istockphoto; (c) PeopleImages/Istockphoto; (a) milanvirijevic/Istockphoto; (b) Viktoriia Hnatiuk/Istockphoto; (c) Drazen Zigic/Istockphoto; (a) dragana991/Istockphoto; (b) SeventyFour/Istockphoto; (c) mixetto/Istockphoto; p. 18: miakievy/Istockphoto.

SUMARIO

4 EMPEZANDO MI PROYECTO DE VIDA

6 RESILIENCIA EMOCIONAL

8 MIS RAÍCES

10 ¿QUIÉN SOY?

12 MIS SUEÑOS

14 ¿QUÉ DEBO HACER PARA REALIZAR MIS SUEÑOS?

16 ¿EN QUIÉN ME INSPIRO PARA REALIZAR MIS SUEÑOS?

18 ¿QUIÉN SOY Y ADÓNDE QUIERO LLEGAR?

EMPEZANDO MI PROYECTO DE VIDA

¿Ya has escuchado hablar de "proyecto de vida"? ¿Sabes qué es? ¿Qué características debe tener?

1 Observa la siguiente imagen y responde.

a ¿Qué representa la imagen?
_____

b ¿Qué significado puede tener la montaña que está al fondo?
_____

c ¿Es posible ver el final del camino?
_____

d ¿Se puede ver si el camino se interrumpe en la montaña?
_____

e ¿Qué relación puede guardar la imagen con un proyecto de vida?
_____

2 Forma un grupo con tres compañeros y comparte con ellos tus respuestas a las preguntas del recuadro introductorio y de la actividad anterior.

3 Reflexiona con tu profesor y tus compañeros.

El proyecto de vida es el plan que trazas de acuerdo con tus características personales, valores, deseos y expectativas, y que eliges libremente para tu futuro, es decir, es la manera en que deseas vivir tu vida, adónde quieres llegar y qué camino vas a recorrer para hacerlo.

Aunque determines claramente tus objetivos de vida y planees el camino que vas a seguir para alcanzarlos, así como en la imagen de la actividad 1, es difícil en el inicio del camino ver todo lo que vas a tener que encarar para recorrerlo: si hay curvas, obstáculos, atajos o desvíos.

Siempre debes estar preparado para enfrentar las dificultades, hacer los cambios necesarios y seguir adelante.

cuatro

4 ¿Sabes qué son las competencias socioemocionales? ¿Qué relación guardan con el proyecto de vida? Lee las siguientes definiciones.

COMPETENCIAS: aptitud o capacidad de hacer algo

SOCIO: social, en sociedad

EMOCIONALES: relativo a la emoción, o sea, a cualquier alteración del ánimo o estado interior de la persona

Adaptado de: <www.rae.es>. Acceso el: 3 abr. 2021.

5 Reflexiona con tu profesor y tus compañeros.

> Las competencias socioemocionales son habilidades que nos permiten desarrollar la mente, comprender y regular los sentimientos que tenemos en nuestra propia vida y en la relación con los otros, y proyectarnos hacia la sociedad. Pueden agruparse en macrocompetencias según determinado aspecto.

6 La primera macrocompetencia que vas a estudiar es la autogestión. Observa la formación de este término y defínelo con tus propias palabras.

AUTO: referido a sí mismo

GESTIÓN: administración, gobierno, regulación, ajuste

7 Marca las competencias que te parece que pueden englobarse en la macrocompetencia autogestión. Luego comparte tus respuestas con tus compañeros.

- a ☐ Determinación.
- b ☐ Empatía.
- c ☐ Persistencia.
- d ☐ Responsabilidad.
- e ☐ Respeto.
- f ☐ Concentración en un objetivo.
- g ☐ Iniciativa social.
- h ☐ Organización.

8 Reflexiona con tu profesor y tus compañeros.

> La autogestión engloba todas las habilidades cuyo desarrollo nos ayuda a cumplir nuestros objetivos. **Para poder lograr nuestros objetivos, tenemos que ser organizados, determinados, persistentes y responsables y concentrarnos en su realización.**

9 Escribe una pequeña lista de ejemplos de comportamientos que demuestren las competencias de la autogestión. Luego comparte tu producción con los demás compañeros.

cinco 5

RESILIENCIA EMOCIONAL

¿Recuerdas lo que son las competencias socioemocionales? ¿Ya has escuchado hablar de "resiliencia emocional"? ¿Sabes qué es? ¿En qué consiste?

1 Observa las imágenes. ¿Cómo queda la almohada de espuma antes y después de su uso? ¿Estas imágenes pueden guardar relación con el término "resiliencia"?

ANTES   DURANTE   DESPUÉS

2 Ahora piensa en cómo te sentirías en las siguientes situaciones.

a) El móvil no tiene señal.

b) La computadora se traba.

c) La bicicleta se rompió.

3 Forma un grupo con tres compañeros y comparte con ellos tus respuestas a las actividades 1 y 2. Intercambien ideas.

4 Reflexiona con tu profesor y tus compañeros.

El concepto de "resiliencia" tiene dos significados. El primero se refiere a la capacidad de algunos materiales de recuperar la forma que tenían antes de un estímulo, presión o fuerza ejercida sobre ellos. Es el caso de la almohada de espuma que se presenta en la actividad 1.
El segundo significado es la capacidad de recomponernos o recuperarnos frente a las adversidades. Sería una reacción positiva a los inconvenientes mostrados en la actividad 2 y su superación.
El adjetivo "emocional", como ya has visto, complementa el sentido de "resiliencia" al hacer referencia a cualquier alteración del ánimo o estado interior de la persona.

5. Conversa con tres compañeros y busquen, para las situaciones de la actividad 2, salidas positivas que sean una demostración de resiliencia emocional.

6. Reflexiona con tu profesor y tus compañeros.

> Frente a las situaciones adversas y dificultades que se nos presentan es natural sentir un impacto negativo, pero es importante superarlo y sustituirlo por una reacción positiva. ¿Cómo se logra esto? Primero, manteniendo la calma; segundo, neutralizando las emociones negativas; tercero, analizando la gravedad del problema y pensando una solución objetiva para resolverlo; cuarto, extrayendo aprendizajes de la situación y la manera en que la solucionamos.
>
> **Podemos entrenar nuestras emociones para no dejarnos llevar por las reacciones negativas y darle vuelta a la situación a nuestro favor.**

7. Haz un círculo alrededor de las competencias que te parece que pueden englobarse en la macrocompetencia resiliencia emocional.

iniciativa social   AMABILIDAD
tolerancia al estrés   empatía
autoconfianza
entusiasmo   CURIOSIDAD POR APRENDER

tolerancia a la frustración

8. Reflexiona con tu profesor y tus compañeros.

> La resiliencia emocional engloba todas las habilidades cuyo desarrollo nos ayuda a mantener el equilibrio emocional frente a las contrariedades y a encarar positivamente las dificultades que se nos presentan, aprendiendo a partir de ellas.
>
> **Para mantener el control frente a las situaciones de presión y adaptarnos a ellas buscando caminos alternativos que nos permitan lograr nuestro objetivo e incluso fortalecernos, tenemos que aprender a tolerar la frustración y el estrés y, sobre todo, confiar en que nosotros mismos somos capaces de encontrar una solución o alternativa.**

9. Dibuja o busca una imagen de una situación que consideres estresante y escribe tres maneras de reaccionar positivamente frente a ella. Luego comparte tu producción con los demás compañeros.

siete 7

MIS RAÍCES

¿Por dónde iniciamos la construcción de nuestro proyecto de vida? Empecemos por el comienzo. ¿Dónde empezó cada uno de nosotros? ¿Fue en el momento en que nacimos? ¿O ya habíamos empezado antes con nuestros padres? Y nuestros padres, ¿dónde comenzaron? ¿Con sus padres, o sea, nuestros abuelos?

1 Para empezar, escribe tu nombre completo.
_____

2 Ahora escribe el nombre completo de tus padres.

Nombre y apellido de mis padres: _____

3 A continuación, escribe el nombre completo de tus abuelos y bisabuelos.

Nombre y apellido de mis abuelos y bisabuelos: _____

4 ¿De dónde son tus abuelos, los padres de tus abuelos o los abuelos de tus abuelos? Marca con flechas, en el mapamundi y/o en el mapa de Brasil, de dónde provienen.

MI FAMILIA ES DE... _____

5 Lee y analiza los apellidos de tus padres y abuelos. ¿Sabes cuál es su origen?
_____

6 Forma un grupo con tres compañeros y comparte con ellos quiénes son tus antepasados, sus apellidos y de dónde provienen.

7 Reflexiona con tu profesor y tus compañeros y responde.

Acabas de compartir con algunos compañeros quiénes son tus antepasados, sus apellidos y de dónde provienen. Sin embargo, la historia de tu familia ¿es igual a la de ellos? ¿Eres igual a tus compañeros?
La propia historia de nuestra familia torna a cada uno de nosotros único, diferente e irrepetible.

8 ¿Sabes que en los países hispánicos tradicionalmente el orden en que se colocan los apellidos es diferente al que se usa en Brasil? Por tradición, se coloca primero el apellido paterno y después el materno, aunque hoy en día muchas legislaciones permiten el orden contrario. ¿Cómo sería tu nombre completo si hubieses nacido en un país hispánico?

_____

9 Reflexiona con tu profesor y tus compañeros y responde.

Acabas de escribir tu nombre en otro orden. ¿Esto te cambiaría en algo o seguirías siendo la misma persona? ¿Podría traer alguna diferencia en tu vida cotidiana?

10 Pensando en la historia de vida de tus antepasados, marca las competencias que te parece que los ayudaron en esa trayectoria de vida.

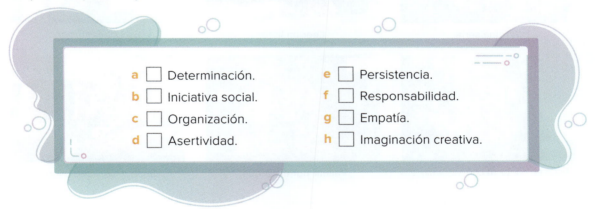

- **a** ☐ Determinación.
- **b** ☐ Iniciativa social.
- **c** ☐ Organización.
- **d** ☐ Asertividad.
- **e** ☐ Persistencia.
- **f** ☐ Responsabilidad.
- **g** ☐ Empatía.
- **h** ☐ Imaginación creativa.

11 Reflexiona con tu profesor y tus compañeros y responde.

¿Por qué son importantes esas competencias? Tus antepasados ¿habrían logrado cambiar su historia sin determinación, organización, persistencia y responsabilidad?

Así como nuestros antepasados, para lograr nuestros objetivos en la vida, tenemos primero que organizarnos, después ser determinados y persistentes en su consecución y, por fin, actuar con responsabilidad hacia nosotros mismos y los demás. En cada uno de nosotros hay una parte de nuestros antepasados que conforma nuestra identidad.

12 Prepara una presentación para tu familia para contar la historia de tus antepasados en un video, una infografía o una dramatización.

¿QUIÉN SOY?

Ahora que ya conocemos nuestras raíces, para continuar la construcción de nuestro proyecto de vida, cada uno de nosotros tiene que conocerse a sí mismo preguntándose: ¿qué me gusta?, ¿cómo me siento?, ¿qué es importante para mí? Contestar estas preguntas va a ayudarte a responder: ¿quién soy?

1 Marca o escribe las actividades que te gusta hacer.

Practicar deportes.

Pasear por el centro comercial.

Ir al cine.

Ver una serie.

Leer un libro.

Escuchar música.

Estar en contacto con mis amigos.

Pasear por el parque.

Jugar a los videojuegos.

Otra: _____

2 Escribe las actividades que menos te gusta hacer.

_____

3 Ahora escribe las características con las que te identificas.

aplicado(a)   comunicativo(a)   desordenado(a)   distraído(a)   esforzado(a)
estudioso(a)   organizado(a)   perezoso(a)   perfeccionista   responsable   tímido(a)

SOY...

4 Escribe una de tus virtudes y uno de tus defectos.

_____

5 Contesta:

a ¿Qué es importante para ti?

_____

b ¿Qué compromisos o tareas tienes a tu cargo actualmente contigo mismo, con tu familia, en tu casa y en la escuela?

_____

6 Forma un grupo con tres compañeros y comparte con ellos las actividades que más te gustan y las que menos te gustan, tus características, lo que consideras importante y tus responsabilidades.

7 Reflexiona con tu profesor y tus compañeros y responde.

Acabas de compartir con algunos compañeros varias informaciones sobre ti mismo. ¿Has encontrado cosas en común con ellos? ¿Y diferencias? ¿Eres igual a alguno de ellos? ¿Quién eres?

Nuestros gustos, características, virtudes, defectos, valores y compromisos tornan a cada uno de nosotros único, diferente e irrepetible.

8 Pensando en cómo eres, haz un círculo alrededor de las competencias que pueden ayudarte a cumplir tus compromisos o tareas. Coméntalas con tus compañeros.

TOLERANCIA A LA FRUSTRACIÓN   **RESPONSABILIDAD**   **CONCENTRACIÓN EN UN OBJETIVO**
ORGANIZACIÓN   **ENTUSIASMO**
PERSISTENCIA   **IMAGINACIÓN CREATIVA**   **EMPATÍA**

9 Reflexiona con tu profesor y tus compañeros y responde.

¿Por qué son importantes esas competencias? ¿Qué características tuyas podrías mejorar para ayudarte a cumplir tus responsabilidades?

Todos tenemos características propias, virtudes y defectos que forman parte de nuestra identidad. Para cumplir nuestros compromisos es necesario que seamos organizados, persistentes, tolerantes a la frustración, responsables y concentrados en nuestros objetivos.

10 Prepara una lista de tus propósitos sobre los aspectos que te gustaría mejorar en el cumplimiento de los compromisos o tareas que tienes a tu cargo. Muéstrasela a tu profesor. Frecuentemente verifica si estás cumpliendo tus objetivos y elige por lo menos un aspecto al cual te gustaría dedicarte más.

MIS SUEÑOS

¿Soñar es algo importante para ti?¿Te consideras una persona soñadora? ¿Tus sueños están más relacionados con tu vida personal? ¿Tienes sueños para tu futuro profesional?

1 Antes de continuar la construcción de tu proyecto de vida, recuerda las conclusiones a las que llegaste anteriormente sobre cómo eres y amplia el tema.

a Las actividades que más me gustan son: _____

b Las actividades que menos me gustan son: _____

c Mis principales características son: _____

d Para mí, es importante: _____

e Mis asignaturas preferidas en la escuela son: _____

2 Piensa en ti como adulto. Marca o escribe tus deseos y expectativas para esa fase de la vida.

EN EL PLANO PERSONAL

a Tener una familia.

b Viajar solo(a) por el mundo.

c Graduarse.

Otros:

EN EL PLANO PROFESIONAL

a Trabajar en el área de la construcción.

b Trabajar en informática.

c Trabajar en el área de la salud.

Otros:

EN EL PLANO SOCIAL

a Hacer trabajo voluntario.

b Ser representante de los miembros de mi comunidad.

c Cuidar el medioambiente.

Otros:

[3] Ahora cruza las informaciones que contestaste en la actividad 1 (las cosas que te gustan y no te gustan, tus características, lo que es importante para ti y tus asignaturas preferidas) con los deseos y expectativas que marcaste o escribiste en la actividad 2. ¿Son coherentes? ¿Son compatibles?

[4] Forma un grupo con tres compañeros y comparte con ellos tus deseos y expectativas para el futuro. Pídeles su opinión sobre la (in)coherencia y la (in)compatibilidad entre cómo eres y lo que quieres.

[5] Reflexiona con tu profesor y tus compañeros y responde.

> Acabas de compartir con algunos compañeros tus deseos y expectativas para el futuro y conversaste con ellos sobre si esos deseos y expectativas son coherentes y compatibles con quién eres. ¿Es importante tener la posibilidad de realizar nuestros deseos y expectativas o basta soñar? El futuro ¿podrá tornar posible lo que ahora parece difícil o tornar imposible lo que ahora parece accesible?
> **Es importante que tengamos consciencia de la posibilidad que tenemos de realizar nuestros deseos y expectativas para no generarnos frustraciones en el futuro. Sin embargo, esto no implica renunciar a nuestros sueños. Al mismo tiempo, debemos estar siempre abiertos a las nuevas perspectivas que puedan aparecer en nuestra vida.**

[6] Pensando en tus deseos y expectativas, señala las competencias que te parece que te van a ayudar a realizarlos.

- a ☐ Organización.
- b ☐ Empatía.
- c ☐ Determinación.
- d ☐ Tolerancia a la frustración.
- e ☐ Asertividad.
- f ☐ Concentración en un objetivo.
- g ☐ Respeto.
- h ☐ Autoconfianza.
- i ☐ Persistencia.
- j ☐ Responsabilidad.

[7] Reflexiona con tu profesor y tus compañeros y responde.

> ¿De qué manera esas competencias te pueden ayudar a realizar tus deseos y expectativas?
> **Para cumplir nuestros deseos y expectativas, además de adecuarlos a quiénes somos, es necesario que seamos organizados, persistentes, determinados, tolerantes a la frustración, concentrados en nuestros objetivos y, sobre todo, que tengamos confianza en nosotros mismos.**

[8] Después de todas las reflexiones que has hecho, escribe una lista con los deseos y expectativas que tienes para el futuro y explica por qué te parece que vas a poder realizarlos. Luego comparte tu producción con los demás compañeros.

trece 13

¿QUÉ DEBO HACER PARA REALIZAR MIS SUEÑOS?

Determinaste anteriormente, con la ayuda de tus compañeros y de acuerdo con las cosas que te gustan, tus características y lo que es importante para ti, cuáles son tus deseos y expectativas para la fase adulta de tu vida en los planos personal, profesional y social. Recuérdalos y coméntalos con toda la clase.

1 Dibuja cómo te ves de adulto una vez que hayas realizado tus sueños en los aspectos a continuación.

En el plano personal	En el plano profesional	En el plano social

2 Forma un grupo con tres compañeros y comparte con ellos tus dibujos. Pídeles su opinión sobre si tus dibujos reflejan adecuadamente los deseos y expectativas para el futuro que enunciaste anteriormente.

3 Reflexiona con tu profesor y tus compañeros.

Acabas de compartir con algunos compañeros la imagen que tienes de ti mismo en el futuro si se cumplen tus expectativas. Pero ¡cuidado! La imagen que proyectamos en nuestra mente sobre cómo realizarlas no es la única posible, sino que puede haber otras, como, por ejemplo, la de tus compañeros, y en el futuro la realidad también puede cambiar. Siempre tenemos que estar abiertos a otras y nuevas perspectivas en la concreción de nuestros sueños.

4 Ahora elige uno de los planos de tu vida: personal, profesional o social. Luego escribe en la línea de tiempo las etapas que deberás cumplir para alcanzar tus objetivos.

MI LÍNEA DE TIEMPO EN EL PLANO _____

5 Ahora, reflexiona y escribe cuáles son tus puntos fuertes para cumplir cada una de esas etapas y cuáles necesitas desarrollar para alcanzar tus objetivos.

Mis puntos fuertes	Los puntos que necesito desarrollar

6 Reflexiona con tu profesor y tus compañeros.

Acabas de trazar un plan para cumplir tu proyecto de vida. De la misma manera que cuando queremos ir a algún lugar hay, generalmente, más de un recorrido posible, para alcanzar un objetivo hay diferentes caminos que podemos seguir. Es importante que siempre escuches la opinión de personas en las que confíes sobre el mejor modo de lograr tu objetivo.

Es importante que tengamos consciencia de que, cuando vamos haciendo un camino, pueden surgir obstáculos o simplemente mejores alternativas de continuar rumbo a nuestro destino. En ese caso, debemos siempre mantener el sentido crítico para elegir la mejor ruta y no apegarnos a la que trazamos inicialmente si esta se torna una alternativa menos conveniente para alcanzar nuestro objetivo.

7 Pensando en la línea de tiempo que trazaste, tus puntos fuertes y los que debes desarrollar, marca las competencias que te parece que te van a ayudar a cumplir las etapas que proyectaste.

a ☐ Tolerancia al estrés.
b ☐ Concentración en un objetivo.
c ☐ Determinación.
d ☐ Tolerancia a la frustración.
e ☐ Asertividad.
f ☐ Empatía.
g ☐ Persistencia.
h ☐ Autoconfianza.

8 Reflexiona con tu profesor y tus compañeros y responde.

¿De qué manera esas competencias te pueden ayudar a cumplir las etapas de tu línea de tiempo aprovechando tus puntos fuertes y desarrollando los que no tienes?

Para alcanzar el objetivo de nuestro proyecto de vida, debemos, fundamentalmente, confiar en nosotros mismos; ser determinados, persistentes, tolerantes al estrés y la frustración, y siempre mantener la concentración en nuestro objetivo.

9 Con base en todas las reflexiones realizadas, elige un punto de tu personalidad que crees que no es suficientemente fuerte para alcanzar tus sueños. Luego escribe una lista con posibles estrategias para desarrollarlo.

quince 15

¿EN QUIÉN ME INSPIRO PARA REALIZAR MIS SUEÑOS?

Ahora que ya sabes cuáles son tus sueños y las etapas que debes cumplir para realizarlos es importante encontrar personas en las cuales puedes inspirarte para alcanzar tus objetivos. Vamos a buscarlas empezando por tu núcleo más próximo. ¿A quién(es) de tu familia te pareces? ¿Con quién(es) tienes más afinidad? Coméntalo con los compañeros.

1 Piensa ahora en personas que admires por su forma de ser, su actuación profesional o su labor social. Luego escribe sus nombres y completa la tabla.

	¿Por qué lo/la admiro?	¿Por qué me gustaría parecerme a él/ella?
Persona de mi familia		
Persona de mi núcleo o comunidad		
Personalidad de mi país o del mundo		

2 Forma un grupo con tres compañeros y comparte con ellos las informaciones que acabas de completar. Si conocen a la personalidad del país o del mundo que has citado, pídeles su opinión sobre si la consideran admirable o no y por qué.

3 Lee el siguiente texto.

¿QUÉ ES SER UN MENTOR?

¿Sabes qué es un mentor? Por definición, mentor es quien sirve de inspiración, modelo, consejero o guía de otro. Es alguien que conocemos: puede ser un familiar, un profesor, un amigo de la familia, un profesional con más experiencia, etc. Nos guía en las decisiones que tenemos que tomar en nuestro camino de vida para ayudarnos a elegir la mejor; nos apoya para evitar los obstáculos que encontramos o superarlos; nos aconseja por tener más experiencia en ese recorrido. El requisito principal para elegir un mentor es identificarnos con esa persona, respetarla y admirarla.

Basado en: <https://globalmentoringgroup.com/o-que-e-ser-mentor/>. Acceso el: 28 mar. 2021.

4 Ahora elige a tu(s) mentor(es) entre las personas que indicaste en la actividad 1.

5 Forma un grupo con tres compañeros y cuéntales a quién(es) elegiste tu(s) mentor(es) y por qué.

6 Reflexiona con tu profesor y tus compañeros.

En cualquier camino que escojamos van a existir personas que no conozcamos personalmente cuya trayectoria de vida personal, profesional o social admiremos y que nos puedan servir de inspiración, tanto en lo que queremos ser como en el recorrido para alcanzar nuestro objetivo. Informarnos sobre su vida nos puede aportar luz sobre las cuestiones que enfrentaron y que nosotros también podemos tener que encarar. Guiarnos por su trayectoria de vida y opiniones nos puede ser de gran ayuda.

Asimismo, necesitamos una referencia próxima, de alguien a quien conozcamos y que nos conozca, alguien a quien podamos pedir consejo y que nos escuche. Acabas de escoger a tu(s) mentor(es), que será(n) quien(es) cumplirá(n) esta función. Podemos tener diferentes mentores según el aspecto de la vida: uno en la vida personal, otro en nuestra profesión y otro en nuestro trabajo social; pero también según la fase en la que nos encontremos.

Ten siempre presente que tu mentor te va a aconsejar, pero las decisiones finales siempre serán tuyas.

7 Pensando en la(s) persona(s) que elegiste tu(s) mentor(es), marca las competencias que te parece que posee(n) y que la(s) llevaron a ser quien(es) es(son).

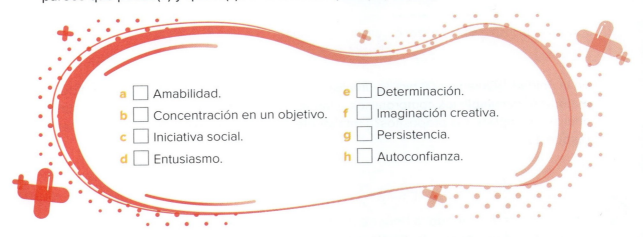

- a ☐ Amabilidad.
- b ☐ Concentración en un objetivo.
- c ☐ Iniciativa social.
- d ☐ Entusiasmo.
- e ☐ Determinación.
- f ☐ Imaginación creativa.
- g ☐ Persistencia.
- h ☐ Autoconfianza.

8 Reflexiona con tu profesor y tus compañeros y responde.

En el futuro, ¿te gustaría que alguien te eligiese su mentor? ¿De qué manera esas competencias te pueden ayudar a serlo el día de mañana?

Tener un mentor es algo muy positivo en la vida y nos puede ayudar mucho. Ser elegido mentor por alguien es un verdadero privilegio que se consigue, más allá de las habilidades específicas que desarrollamos en nuestra vida personal, profesional o social, gracias a nuestra determinación, persistencia, autoconfianza e, invariablemente, concentración en nuestro objetivo.

9 Graba un video o escribe un texto que describa a tu(s) mentor(es) y explica por qué lo(s) elegiste para desempeñar este importante papel en tu vida. Comparte tu producción con tus compañeros.

diecisiete 17

¿QUIÉN SOY Y ADÓNDE QUIERO LLEGAR?

A lo largo de este volumen has determinado cuáles son tus raíces, quién eres, qué sueños tienes en tu vida, qué debes hacer para realizarlos y en quién puedes inspirarte para ello. Ahora, ha llegado la hora de fijarte los objetivos para el próximo año.

1 Comienza repasando las conclusiones a las que llegaste anteriormente.

a ¿Qué parte de tus antepasados conforma tu identidad?
___

b ¿Quién eres?
___

c ¿Qué deseos y expectativas tienes para el futuro?
___

d ¿Qué etapas te fijaste para alcanzar tus objetivos?
___

e ¿En quién te inspiras para trazar el camino de tu vida?
___

2 En la unidad "¿Quién soy?" hiciste una lista de propósitos sobre los aspectos que debías mejorar para cumplir los compromisos o tareas que tienes a tu cargo. Recupera esta lista y analiza: ¿cumpliste tus propósitos? ¿Totalmente, parcialmente o casi nada? Fundamenta tu respuesta.
___
___

3 Como dijimos, ha llegado la hora de fijarte los objetivos para el próximo año. Teniendo en cuenta tus objetivos a largo plazo y las etapas que te fijaste, ¿qué compromisos puedes asumir para cumplir a lo largo del próximo año? ¿Cómo los realizarás?

4 Forma un grupo con tres compañeros y comparte con ellos en qué medida cumpliste tus propósitos de este año, cuáles son los compromisos que te propones para el próximo año y de qué manera los cumplirás. Escucha la opinión de tus compañeros sobre la viabilidad de tus nuevos propósitos en función del cumplimiento de los anteriores y sobre los medios que pretendes arbitrar para realizarlos.

18 dieciocho

5 Reflexiona con tu profesor y tus compañeros.

Acabas de fijarte objetivos para el próximo año. Si tu desempeño en los propósitos que tenías para este año fue bueno, sigue el mismo camino, quizás tratando de mejorarlo. Si no estás satisfecho con tu desempeño, no debes desanimarte; aprende de tus errores, pues pueden ser el punto de partida para dar vuelta el juego de tu vida.

Todos podemos, en algún momento, fallar en algo, pero lo que no debemos permitir es que un fracaso nos condicione el futuro.

6 A lo largo de este volumen has analizado en ti y en otras personas las dos macrocompetencias que estudiaste en las unidades iniciales: la autogestión y la resiliencia emocional, que a su vez se realizan en varias competencias que ya conoces.

En la unidad "¿Quién soy?" marcaste las competencias que pensabas que te ayudarían a cumplir los compromisos o tareas que te propusiste en aquel momento. Subráyalas en la siguiente lista con un lápiz de color.

AUTOGESTIÓN
- determinación
- persistencia
- organización
- concentración en un objetivo
- responsabilidad

RESILIENCIA EMOCIONAL
- autoconfianza
- tolerancia al estrés
- tolerancia a la frustración

7 Pensando en los objetivos que te has propuesto para el próximo año, ¿cuáles son las competencias que deberás desarrollar? Subráyalas en la actividad anterior con un lápiz de otro color.

8 Reflexiona con tu profesor y tus compañeros.

El desarrollo de las competencias es un camino sin fin. En todo momento, podemos analizar nuestro desempeño y siempre vamos a descubrir que podríamos mejorar un poco más.

Nunca te des por satisfecho. Persevera y sigue adelante. Y si en algún momento llegas a la conclusión de que has alcanzado tus objetivos, es hora de fijarte otros. Las metas nos mueven y nos mantienen vivos en el camino de la vida.

9 Haz un cartel que represente tus objetivos para el próximo año. Puede contener dibujos, textos, recortes de revistas, fotografías u otros elementos que quieras utilizar. Luego preséntaselo a todo el grupo.

diecinueve 19

lecturas modernas

neruda@hamlet

Delia María De Césaris
Telma Guimarães Castro Andrade

2ª edición

Con R.O.

Es el primer día de clases. Panchi, algo confundida y distraída, entra en el aula con sus compañeras. Todavía recuerda las pequeñas aventuras de verano llenas de rayos de sol y olas del mar. No sabe quiénes serán sus nuevos profesores, ni dónde sentarse.

Coloca, con un poco de prisa, sus libros y cuadernos en un pupitre. Un muchacho se acerca y le dice:

—Mis cosas ya están ahí.

Panchi, desconcertada y sin pronunciar palabra, retira su material y va a sentarse al otro extremo de la sala desde donde sus amigas la llaman.

—¿Quién es aquel grosero? —pregunta Panchi.

—Huuum... se llama Fernando... —le responde su amiga Rocío.

En ese momento el profesor de Geografía, con sus mapas y sus "cuatro ojos", interrumpe la conversación, pidiendo a los alumnos que tomen sus lugares. El señor Jacinto se presenta y, cual navegante contando sus experiencias en un destino mágico, comienza a describir el terreno accidentado de los Andes, con sus valles de bosques húmedos, laderas onduladas, vegetación baja. Después, organiza equipos de trabajo que deberán investigar la flora y fauna de la región.

Panchi, Rocío, Fernando y Benjamín integran un mismo grupo. Fernando pone su pupitre cerca de las chicas.

—¿Y Feña, qué tal? —exclama Benjamín, trasladando su asiento al lado de Rocío.

Los cuatro empiezan a leer las hojas distribuidas por el profesor.

Panchi, mientras intenta concentrarse, levanta ligeramente los ojos del texto y, observando a Fernando, piensa: "No es mi tipo... me parece maleducado...".

Al terminar las clases de ese día, Rocío y Panchi toman un autobús que las lleva hasta La Alameda o, mejor dicho, hasta la avenida Libertador Bernardo O'Higgins. Durante el trayecto, pueden ver, por la ventanilla, el río Mapocho, un curso de agua creado por el deshielo de las altas cumbres andinas. Bajan del autobús cerca del paseo Ahumada, el área peatonal de mayor movimiento de Santiago, donde quieren conocer una confitería que acaba de ser inaugurada.

5

Una vez por semana, Panchi y Rocío se toman la tarde libre. Pasean y almuerzan juntas, siempre en un lugar diferente. Suelen ir al Centro Comercial del Alto las Condes o al Parque Arauco, al pueblo de Vitacura o al Mercado Central, a un café de la calle Suecia, al cerro San Cristóbal o a los Dominicos.

Entran en la confitería y piden unos helados. Pronto, casi sin darse cuenta, retoman la charla.

—Me parece que Fernando es bastante antipático —comenta Panchi a su amiga.

—No, no te lo creas. A veces parece serlo pero, si lo conoces bien, verás que es muy agradable. Fue compañero de mi hermano el año pasado y nos hicimos bastante amigos.

—¿Entonces es un repitente? —indaga Panchi con un suave desprecio en la punta de la lengua.

—Es que tuvo que cambiarse al turno de la noche cuando su padre perdió el empleo, y no logró adaptarse. Toda la familia buscó trabajo. Este año su padre dejó de estar desocupado y Feña volvió a estudiar por la mañana. Aun así seguirá trabajando por las tardes —explica Rocío.

—Aaah... creo que lo juzgué apresuradamente... —dijo Panchi, con arrepentimiento en la voz—. A veces es fácil olvidarse que no todos tienen las mismas oportunidades. Nosotras debemos agradecer porque hasta ahora hemos podido disfrutar de muchas cosas.

—Sí, juzgar es siempre fácil, pero... en cualquier posición somos como la nieve de la montaña: un cambio de estación y allá vamos...

—¡Exactamente como esta cereza... —dice Panchi sonriendo y señalando la "copa helada" que el mozo coloca sobre la mesa— ...que va directo para mi estómago!

Las chicas ríen y continúan conversando sobre otros temas.

Panchi le comenta a Rocío que, hace unos días, se contactó con un muchacho en una sala de chat por Internet.

—Su *nickname* es Neruda e igual que a mí le gusta la literatura. Si todo lo que dice es verdad, me encantaría conocerlo personalmente —suspira Panchi, con el rostro iluminado por el encantamiento que le produce su nueva relación.

Rocío ríe divertida ante la historia de su amiga. Para ella, las relaciones entabladas por Internet siempre son fuente de líos.

Cuando acaban sus helados, las amigas salen de la confitería, caminan hasta la parada de autobús y vuelven a sus casas.

Han pasado dos semanas de clases.

Faltan unos minutos para que la clase empiece y las chicas aprovechan para intercambiar confidencias. Panchi está muy entusiasmada porque todos los días descubre intereses en común con su amigo virtual.

Todos en la escuela están mucho más unidos. Sin embargo, Panchi no logra entenderse con Fernando.

—¡Dice que no puede tipear la monografía del grupo porque no tiene tiempo! —le reclama a Rocío.

—No hay problema, Panchi. Fernando aportó mucha información y va a poner en orden las fotos —le responde Rocío queriendo calmar a su amiga—. ¿No puedes copiarla tú? —le pregunta.

—¡No sé, me siento incómoda con él! No consigo explicar qué es... ¡Es raro! —dice Panchi, intentando disculparse—. Pero bueno... déjalo así... Yo tipeo la monografía.

En el recreo, Benjamín se acerca a Rocío. Durante la clase intentó varias veces dialogar con ella, pero el profesor le llamó la atención. Aunque hace bastante tiempo que le gusta Rocío, nunca ha sabido cómo hablarle. ¡Pero ahora tiene una idea!

—Rocío, no estoy seguro, pero creo que Feña está interesado en Panchi —comenta, intentando despertar el interés de su compañera.

—¿Te parece? Casi nunca cruzan palabra.

—Sí, lo sé, pero siempre la está mirando.

—Nunca lo noté... ¡Y, que yo sepa, ella tampoco! —Rocío acomoda sus cabellos, pensativa.

—Es que él es tímido, ¿entiendes? —Benja adora como Rocío juega con su cabello.

—Te voy a confiar una cosa... ¡Pero que quede entre nosotros! Panchi siempre hace comentarios sobre Feña. Cree que él es algo extraño, ella no sabe explicar por qué — dice Rocío.

—Talvez porque ella quiere disimular, fingir que no lo soporta —Benja se acerca un poco más a Rocío.

—Hum... ¿Qué sé yo, Benja? Ella está muy entusiasmada con un muchacho que conoció por Internet. Viven enviándose mensajes por chat.

—Los noviazgos virtuales nunca salen bien. Hasta pueden ser peligrosos —comenta Benja, que, juntando coraje, se decide y se arriesga— ¿No crees que es más divertido y excitante estar de novia con un chico lindo y real como yo?

Rocío sonríe entredientes, fingiendo desinterés, y dice:

—No sé, no sé…

Los dos se ríen a carcajadas. Toca el timbre de entrada y todos vuelven a la sala de clases.

Benja está contento porque sabe que desde ahora su relación con Rocío tomará otros rumbos. Espera que ella no se entere de que Fernando nunca comentó nada sobre Panchi. Aunque piensa que no estaría mal que Feña se enamorase de Panchi.

El aula ya está llena. Todos van a sus lugares. La directora de la escuela entra en la sala y le pide permiso a la profesora de Inglés para hablar con los alumnos.

—Buenos días —dice la directora, sonriente—. Quiero conversar con ustedes sobre un nuevo proyecto. Un grupo de estudiantes de la Universidad de Chile creó un programa de trabajo voluntario llamado "Tiempo para construir". Es un programa sin fines de lucro ni restricciones políticas o religiosas. Su objetivo es colaborar en la construcción de un país mejor para todos.

La directora enciende el retroproyector y, exhibiendo transparencias, aclara:

—Aquí les presento algunas de las ideas más importantes que este grupo publica en Internet.

QUIÉNES SOMOS

Estamos viviendo un momento histórico en el cual los modelos económicos y de sociedad actuales, por más dinero o promesas que destinen a los necesitados, no logran satisfacer las expectativas y desequilibrios sociales. Por ello, sentimos que es de vital importancia que nos integremos a la sociedad global como personas, corazones y manos amigas dispuestas a compartir, vivir y entender la realidad, ayudando a generar respuestas y "esperanza". Deseamos que los destinatarios de nuestra ayuda no se sientan meros receptores de caridad, sino escuchados y comprendidos por quienes quieren compartir tiempo y esfuerzo para ayudar al prójimo. Trabajando juntos tal vez podemos hacer de nuestro Chile "una copia feliz del edén".

Nos dirigimos a aquellos alumnos que deseen ser voluntarios y que tengan:

- compromiso social;
- espíritu joven y alegre;
- ganas de trabajar y hacer bien las cosas;
- disposición para trabajar en equipo en favor de un objetivo común;
- deseo de ser una mejor persona cada día, además de un buen profesional.

Texto adaptado del sitio: www.tpc.uchile.cl

Después de la presentación, la directora invitó a los alumnos a poner en marcha un proyecto similar en la escuela.

—Cualquiera que pueda donar una hora por semana será bienvenido. Inicialmente pretendemos visitar guarderías y asilos. Invitaremos a voluntarios de "Tiempo para construir" para que nos aconsejen sobre la mejor manera de actuar. El próximo sábado, a las diez de la mañana, realizaremos una reunión para conversar con mayor profundidad. Quien esté interesado debe venir con un adulto responsable.

Mientras la directora desconecta el proyector y recoge sus materiales, los alumnos se alborotan. Algunos piensan que la propuesta no tiene sentido y otros parece que ni siquiera han escuchado. Pero también están los que, entusiasmados, ya coordinan cómo concurrir juntos el próximo sábado.

Rocío, que es voluntaria en un hospital, pregunta:

—Panchi... ¿quieres que nos presentemos como candidatas? Tenemos tiempo de sobra. Es una oportunidad para aprender cosas interesantes.

—Sí, pero... ¿y si tenemos que ir a lugares peligrosos? —Panchi dudó, un poco asustada.

—Muchas amenazas provienen de la falta de solidaridad, amiga. ¡Al menos podríamos intentarlo!

Benja entra en la conversación:

—Si ustedes van, Feña y yo también vamos.

—¿Yo? ¡No lo creo! Soy un poco inútil con niños... —dice Fernando.

—¡Qué va! La directora dijo que hay trabajo para todos —lo estimula Rocío—. ¡Hagámoslo! ¡Además, si no logras estar con niños, siempre es posible que te lleves bien con los viejecitos!

24

—¡Ah! Bueno, eso es diferente. Yo me divierto mucho con mi bisabuelo y sus amigos cuando lo visito cada semana. Tiene 87 años y vive en un asilo. Lo quiero mucho —dice Feña, que ya está "enganchándose" con la idea.

A Panchi le extraña que a alguien no le gusten los niños. "Al menos se lleva bien con los viejecitos", piensa.

—¿Podemos contar contigo? —Benja le pregunta a Panchi.

—¡Quiero hacer la prueba! —ella responde.

Los cuatro deciden ir a la reunión del sábado.

La directora se despide de los estudiantes. Parece satisfecha con la buena voluntad de algunos de ellos.

Panchi espera ansiosa que el día termine. Al llegar a su casa, toma un baño de inmersión largo y relajante con sales aromáticas. Después se viste con unas ropas cómodas y enciende la computadora.

Al entrar en Internet, piensa: "Ojalá Neruda esté conectado. Es muy estimulante comunicarse con muchachos inteligentes. En general la gente suele decir muchas tonterías por Internet".

Después de algunos minutos, ella recibe un mensaje por chat de su nuevo y misterioso "amigo electrónico".

El *nickname* de Panchi es "Hamlet", por eso Neruda pensó, en un primer momento, que era varón. Panchi le explicó que, así como los actores masculinos hacían los roles femeninos en la "época isabelina", ella representa un personaje masculino en el moderno mundo de la red de computadoras. A Neruda le pareció muy ingeniosa y divertida esta idea.

27

Neruda: Hola, Hamlet. Estoy escribiendo para contarte que estoy leyendo *Romeo y Julieta*, de Shakespeare.

Hamlet: Hola, Neruda. ¿Cómo estás? Yo estoy leyendo los poemas de Pablo Neruda que me recomendaste.

Neruda: Quiero que sepas que estoy muy feliz de haberte conocido. Es raro encontrar románticas incurables. Me gustan mucho.

Hamlet: Y a mí me encantan los jóvenes poetas como tú. Creo que también te gustaría conocer a otra romántica que fue poeta desde joven, Gabriela Mistral.

Neruda: Nunca leí nada de ella, pero sé que recibió el Premio Nobel de Literatura, igual que Pablo Neruda.

Hamlet: Ella fue la primera escritora latinoamericana galardonada con ese premio. Además de eso, tiene otras cosas en común con Neruda. Los dos nacieron en Chile, ejercieron funciones diplomáticas y lucharon contra el fascismo, intentando aliviar el sufrimiento de las víctimas de la Guerra Civil española. Ambos se dedicaron a construir un mundo mejor, iluminándolo con poesía.

Neruda: Es verdad. Hace unos días entré en el sitio de la Universidad de Chile dedicado a Pablo Neruda. Allí recuerdan lo que él expresó sobre el éxito de su libro *Veinte poemas de amor y una canción desesperada:* "Por un milagro que no comprendo, este libro atormentado ha mostrado el camino de la felicidad a muchos seres. ¿Qué otro destino espera el poeta para su obra?". Además él aseguraba que "bien vale haber vivido si el amor me acompaña".

Hamlet: *Si en la vida lo que hace la diferencia es el amor, es lo que no debemos olvidar ni perder. ¿Sabes? Hamlet le dijo a su amada Ofelia: "Duda si las estrellas son de fuego / Duda si el sol se mueve / Duda si la verdad es mentirosa / Pero nunca dudes que yo amo".*

Neruda: Y no dudes que de verdad quiero encontrarme contigo. Me encantaría conocerte personalmente. ¿Qué te parece?

Hamlet: *Puede ser. Yo llevaré un libro de Gabriela Mistral, así tú la conoces mejor.*

Neruda: *Y yo mi libro preferido de Neruda, Odas elementales. ¿Qué tal el sábado?*

Hamlet: *Si es por la tarde, perfecto. Tengo un compromiso por la mañana. Pero podríamos almorzar juntos.*

Neruda: *Excelente. También tengo un compromiso temprano. ¿Qué tal si nos encontramos en el Centro Comercial del Parque Arauco al mediodía?*

Hamlet: *¡De acuerdo! Te espero en la entrada principal del Centro Comercial. Voy a estar con mi libro de Gabriela Mistral.*

Neruda: *Y yo con el de Neruda.*

Hamlet: *¡De acuerdo!*

Neruda: *¡Hasta entonces! ¡Nos vemos!*

Panchi está tan ansiosa por su cita que tiene que contarle a alguien todos los detalles del "chateo". Poco después llega su madre, que escucha, sorprendida, cada detalle de lo que está ocurriendo en el corazón de su hija. Panchi le recita cada estrofa de las poesías que los dos "pololos" compartieron. "No hay duda, estos chicos son muy románticos", piensa la mamá de Panchi.

Antes de dormir, Panchi llama a Rocío por teléfono, anunciándole las novedades.

—¡Dios mío! ¡Esto ya está transformándose en un romance de novela! ¡No lo puedo creer!... —exclama Rocío, ahora mucho más optimista. Y pregunta a su amiga:

—¿Pero no es un poco peligroso tener un encuentro con un desconocido?

—También pensé en eso. A mi madre le pareció bien la idea de que nos encontremos de día y en un lugar público. Ella además me sugirió que te invite. ¿Qué te parece?

—¿Así que yo tendré que "tocar el violín"?

—¡Tranquila! ¡No me voy a casar el sábado, ni nada! Solo vamos a comer algo y divertirnos un rato… espero…

—Bueno… está bien… te acompaño. Me estoy muriendo de curiosidad por saber cómo es ese "maravilloso poeta".

Después de hablar por unos minutos más, las chicas se despidieron. Tenían que tener cuidado con la cuenta telefónica si no ocurriría lo prometido por sus padres: el fin de las llamadas telefónicas y de las conexiones a Internet.

El sábado por la mañana, Panchi, Rocío, Benja y Feña, como muchos otros, llegan con sus padres al encuentro sobre trabajo voluntario. Los alumnos de la Universidad de Chile consiguen que muchas personas se involucren con el proyecto. Los cuatro amigos deciden participar del programa.

Al terminar la reunión, Panchi y Rocío salen. Están ansiosas para que llegue la hora del encuentro en el Shopping. De repente, Panchi se da cuenta de que olvidó su abrigo en el aula. Vuelve corriendo para buscarlo pero, ya saliendo, se detiene bruscamente cuando ve un libro con las palabras "Odas elementales" en la tapa.

En ese momento, Fernando entra y toma el libro.

—Hola... Dejé mi libro... —dice un poco nervioso al encontrar a Panchi en la sala.

—¿Te gusta Neruda? —pregunta Panchi un poco desconfiada.

—Sí. Y este es mi libro preferido. Se lo voy a regalar a una amiga.

—¿A una amiga?

Panchi siente un frío en el estómago. Sus piernas empiezan a temblar y su corazón parece explotar de emoción. ¿Será posible que Feña y Neruda sean la misma persona?

Fernando nota que Panchi también tiene un libro en sus manos. Intrigado, observa que ella intenta ocultarlo debajo de su abrigo. El truco es inútil porque él consigue ver el título y la autora.

—¿Un libro de Gabriela Mistral? —dice Fernando, aproximándose—. ¿Por casualidad tu autor favorito es... Shakespeare?

35

Panchi suspira y cierra los ojos. Los abre lentamente y balbucea:

—¿Ne... Neruda?

—¡Hamlet! —exclama el muchacho riendo—. Espero que nuestro encuentro para almorzar todavía esté en pie...

Panchi no consigue responder pero, por el brillo de los ojos y la alegría que tiene en los labios, Fernando sabe que sí.

Mientras tanto, en el patio, Rocío invita a Benja a almorzar con Panchi y "Neruda". Benja acepta. Ellos todavía no saben que en realidad estarán con Panchi y Fernando... Pronto lo sabrán...

¡Este sí que parece un romance de novela!

GLOSARIO

abrigo: pulôver, malha
además: além disso
(se) alborotan: alvoroçam-se — v. *alborotar(se)*
amenazas ameaças
apodo: apelido
*****aportó:** contribuiu — v. *aportar*
área peatonal: calçadão
aula: sala de aula
*****cambiarse:** mudar-se — v. *cambiar*
*****cambio:** mudança
carcajadas: gargalhadas
chateo/chat: bate-papo
*****clase:** aula
*****concurrir:** comparecer
confitería: confeitaria
*****copa helada:** taça de sorvete com frutas geladas
cumbres: cumes
deshielo: degelo
duda: dúvida — v. *dudar*
empiezan: começam — v. *empezar*
entabladas: entabuladas, estabelecidas
fascismo: sistema político de extrema direita que violou os direitos individuais das pessoas
galardonada: premiada
guarderías: creches
¡Hagámoslo!: façamo-lo — v. *hacer*
hechos: fatos
(nos) hicimos: (nos) tornamos — v. *hacerse*

hojas: folhas
involucren: envolvam-se — v. *involucrar*
laderas: encostas
líos: enredos, confusão, bagunça
llenas: cheias
*****logras:** consegues — v. *lograr*
mientras: enquanto
*****mozo:** garçom
novela: romance
*****novia:** namorada
noviazgos: namoros
olas: ondas
peatonal: para pedestres
pololos: expressão usada no Chile para nomear os namorados
*****pronto:** rápido, logo
pupitre: carteira escolar
quede: fique — v. *quedar*
*****raro:** estranho
*****rato:** momento
*****regalar:** presentear
romance de novela: romance de livro
señalando: apontando — v. *señalar*
sepas: saibas — v. *saber*
suelen: costumam — v. *soler*
*****tapa:** capa de livro
temprano: cedo
*****timbre:** campainha
tipear: digitar
tocar el violín: "segurar vela"
ventanilla: janela
viejecitos: velhinhos

*****As palavras assinaladas com asterisco são falsos cognatos.

ACTIVIDADES

1. William Shakespeare le hace decir a Hamlet: "Duda si las estrellas son de fuego / Duda si el sol se mueve / Duda si la verdad es mentirosa / Pero nunca dudes que yo amo".
   ¿Cuál es el verbo que se repite? Conjúgalo en el pretérito imperfecto del indicativo y escribe oraciones en singular y en plural.

   Yo ....
   Tú ....
   Él/Usted ....
   Nosotros ....
   Vosotros ....
   Ellos/Ustedes ....

2. ¿Qué piensas sobre la siguiente expresión de Pablo Neruda: "Bien vale haber vivido si el amor me acompaña"? Escribe tu interpretación y compártela con tus compañeros y tu profesor(a).

3. Completa el siguiente texto de Pablo Neruda con los verbos del recuadro:

   | juega he hará He edificado vivir es perdió vivía |

   "En mi casa .... reunido juguetes pequeños y grandes, sin los cuales no podría .... El niño que no .... no .... un niño, pero el hombre que no juega .... para siempre al niño que .... en él y que le .... mucha falta. .... mi casa como un juguete y juego en ella de la mañana a la noche".

   NERUDA, Pablo. *Confieso que he vivido:* Memorias.
   Editorial Losada, 1975.

4. Comenta con tus compañeros tus reflexiones sobre esta expresión de Rocío:
"Sí, juzgar es siempre fácil, pero... en cualquier posición somos como la nieve de la montaña: un cambio de estación y allá vamos..."

5. Investiga:
   a) sobre la obra de Pablo Neruda. Elige una poesía suya y recítala de memoria.
   b) sobre la obra de Gabriela Mistral. Elige una poesía suya y recítala de memoria.
   c) sobre la cultura de Chile, su música, sus costumbres, su paisaje, sus ciudades, sus habitantes, etc.

6. Realiza una encuesta para saber si las personas que tú conoces participan o han participado de programas de voluntariado y de qué tipo. Y tú, ¿has participado o te gustaría participar?

© Delia María De Césaris y Telma Guimarães Castro Andrade, 2006

Dirección: *Paul Berry*
Gerencia editorial: *Sandra Possas*
Coordinación de iconografía: *Ana Lucia Soares*
Coordinación de bureau: *Américo Jesus*
Coordinación de revisión: *Estevam Vieira Lédo Jr.*
Coordinación gráfica: *André Monteiro, Maria de Lourdes Rodrigues*
Coordinación de producción industrial: *Wilson Aparecido Troque*

Proyecto editorial: *Daisy Pereira Daniel*

Edición: *Daisy Pereira Daniel*
Corrección: *Véra Regina Alves Maseli*
Revisión lingüística: *Carolina Valeria León Leite*
Revisión: *Ana Maria Cortazzo, Denise Ceron, Elaine Cristina Del Nero*
Diseño gráfico: *Ricardo Van Steen Comunicações e Propaganda Ltda. / Oliver Fuchs (Adaptado por Christiane Borin)*
Dirección de arte: *Claudiner Corrêa Filho*
Ilustración: *Rogério Borges*
Cubierta: *Rogério Borges*
Captura de fotos: *Luciano Baneza Gabarron*
Tratamiento de fotos: *Américo Jesus*
Maquetación: *Formato Comunicação Ltda.*
Preimpresión: *Helio P. de Souza Filho, Marcio H. Kamoto*
Impresión: Log&Print Gráfica e Logística S.A.
Lote:768432
Código:120002083

Retrato de Gabriela Mistral,
pintado por Lucila Godoy
Alcayaga © Garcia-Pelayo/CID
Retrato de Pablo Neruda,
pintado por Sofía Gandarias
© Garcia-Pelayo/CID

Dados Internacionais de Catalogação na Publicação (CIP)
(Câmara Brasileira do Livro, SP, Brasil)

De Césaris, Delia María.
  Neruda@hamlet : nivel 1 / Delia María De
Césaris, Telma Guimarães Castro Andrade. — 2. ed. —
São Paulo : Moderna, 2005. — (Lecturas modernas)

  Inclui suplemento para o professor.

  1. Literatura infanto-juvenil em espanhol
I. Andrade, Telma Guimarães Castro. II. Título.
III. Série.

05-2571   CDD-028.5

Índices para catálogo sistemático:
1. Literatura juvenil em espanhol   028.5

ISBN 978-85-16-04634-7

Reprodução proibida. Art. 184 do Código Penal e Lei 9.610 de 19 de fevereiro de 1998.

Reservados todos los derechos.

SANTILLANA ESPAÑOL
EDITORA MODERNA LTDA.
Rua Padre Adelino, 758 — Belenzinho
São Paulo — SP — Brasil — CEP 03303-
www.santillana.com.br
2023

Impresso no Brasil